봉 준 호

장르가 된 감독

이 도서의 국립중앙도서관 출판시도서목록(CIP)은 e-CIP 홈페이지
(http://www.nl.go.kr/ecip)에서 이용하실 수 있습니다.
(CIP 제어번호 : CIP2020022402)

봉준호 장르가 된 감독

2020년 6월 5일 초판 1쇄 인쇄
2020년 6월 12일 초판 1쇄 발행

지은이 | 전찬일
펴낸이 | 孫貞順
펴낸곳 | 도서출판 작가
　　　　(03756) 서울 서대문구 북아현로6길 50
　　　　전화 | 02)365-8111~2　팩스 | 02)365-8110
　　　　이메일 | morebook@naver.com
　　　　홈페이지 | www.morebook.co.kr
　　　　등록번호 | 제13-630호(2000. 2. 9.)

편집 | 손희 양진호 설재원
디자인 | 오경은 박근영
영업 | 박영민
관리 | 이용승

ISBN 979-11-90566-10-0 03680

값 14,000원

봉 준 호

장르가 된 감독

진희원

작가

머리말

첫 평론집 이후 12년 만에 나오는 '봉테일' 탐구서
봉준호에 관한 기록이자, 한 중년 평론가의 삶의 흔적

영화평론가 데뷔 15년 만에 출간된 첫 번째 평론집『영화의 매혹, 잔혹한 비평』(작가, 2008) 이후, 나름 여러 권의 공저 작업에 함께 해왔다. 2006년부터 참여해온 도서출판 '작가' 선정 '오늘의 영화' 시리즈를 비롯해『부산의 문화 인프라와 페스티벌』(지식과 교양, 2017),『호모헌드레드와 문화산업 : 대중문화 백세를 품다』(온하루출판사, 2018) 등이다.『데미안』발간 100주년이었던 지난해에는 헤르만 헤세의 평화(지향)적·노마드적 가치를 공유하는 58인의 국내 명사들에게 청탁해 받은 원고들을 모아『내 삶에 스며든 헤세』(라운더바우트, 2019)를 기획해 내기도 했다.

단독 단행본을 내는 것은 근 12년 만이다. 그것도 예의 평론집이 아닌 감독론이다. 당사자는 적잖이 부담스러워 하긴 해도, 이른

바 '봉테일'(봉준호+디테일)로 칭해지는 봉준호 감독 탐구서다. 그간 10년에 걸쳐 봉 감독과 가진 세 차례의 인터뷰들—그 중 한 번은 음악평론가 임진모와 같이 했다. 그렇다면 공저라고 해야 할까?—에, 그 앞뒤로 봉준호의 영화세계 '봉월드' 입문을 위한 총론적 안내와, 보다 더 깊은 이해를 위한 일종의 보론들, 에필로그를 작성해 덧붙였다.

〈기생충〉이 2019 제72회 칸영화제 황금종려상을 거머쥔 이후 각별히 요청해 진행했던 인터뷰 전문을 제외하면, 대개는 이미 발표했던 원고들을 적극 활용할 것인 터라, 금세 마무리할 수 있을 것이라 예상했으나 오산이었다. 인터뷰들을 다시 손보는 것도 그렇거니와, 다른 원고들을 마무리하는 데는, 생각보다 훨씬 더 크고 깊은 시간과 공들이 필요했다. "편집이 곧 창조"를 주창하는 '에디톨로지'(Editology)부터가 마음먹은 것처럼 만만한 공정이 아니었다. 하물며 새로 써 글을 완성시키는 거야, 더 말해 뭣하랴.

그나마 다행스러운 조건은 〈플란다스의 개〉(2000)부터 〈기생충〉까지 봉준호 감독의 장편영화가 총 7편에 불과하다는 것이었다. 홍상수 감독처럼 24편쯤 된다면, 아마 이 단행본은 끝내 세상 빛을 보지 못했으리라. 아니, 애당초 책으로 내겠다는 엄두조차 내지 않았으리라. 봉 감독의 그 많지 않은 영화들을 다시 관람하면서 재평가하는 과정도 만만치는 않았다. 생계형 일거리였을 뮤직비디오는 논외로 치자. 〈백색인〉(1993)부터 〈흔들리는 도쿄〉(2008)까지 총 6편의 단편들을 찾아, 이미 본 것들은 다시 보고 미처 보지 않았던 것들은 새로 보며 진단하는 작업도, 장편 못잖은 땀들을 요구했다.

단편영화들이 뭐가 대수냐며, 넘어가거나 대표 단편 〈지리멸렬〉(1994) 포함 두세 편 정도만 짚어도 되지 않을까, 따위의 유혹에 흔들리지 않은 것은 아니다. 지금 이 순간 가장 뿌듯한 감회는 그 유혹에 굴하지 않았다는 바로 그 사실이다. 봉월드의 한층 더 온전한 이해를 위해서는, 그의 적잖은 단편영화들도 다루지 않으면 안 된다는 판단을 일찌감치 견지해온 덕택이었다. 단언컨대 봉 감독의 단편들은, 단편으로서 독자적 미학성 등을 지니고 있으면서도 동시에 "봉월드에 다다르기 위한 또 다른 가교들"이다.

영화 보기 50년, 영화 스터디 38년, 영화 비평 27년 동안 한 특정 감독의 단편영화들을 이번처럼 깊이 있고 폭 넓게 파고들고 훑어 본 적은 일찍이 없었다. 한국 단편영화 개인 베스트 1위 자리를 이십 수년째 지켜오고 있는, 정지우 감독(《해피 엔드, 1999》, 《은교, 2012》)의 〈생강〉(1996)을 필두로, 한때 국산 단편영화의 기념비적 센세이션이었던 〈호모 비디오쿠스〉(1991, 변혁 & 이재용), 1999 제52회 칸영화제 단편 경쟁 부문 심사위원대상과 제66회 칸 단편 황금종려상에 빛나는 〈소풍〉(송일곤)과 〈세이프〉(문병곤), 2010년대 대한민국 단편영화의 어떤 개가 〈영희씨〉(방우리) 등 내 심상·뇌리에 똬리를 틀고 있는 일련의 문제적 단편들에 크고 작은 관심·애정을 품어 왔긴 했어도 말이다.

고백컨대 봉준호의 그 어느 단편도 그 동안 나만의 문제적 단편들 목록에 속해 있지는 않았었다. 이번 계기를 기해 상황이 변했으리라는 것쯤은 굳이 강변하지 않아도 될 듯. 이 단행본은 따라서 감독 '봉준호의 재구성'이자 '단편의 재발견'이기도 하다는 점에서, 내게는 더욱 뜻깊다(고 말하지 않을 수 없다). 〈기생충〉의 기택(송강호 분)처럼 '무계획의 계획'에서 결과 된 성과일진대, 보론들의 원고들 중 단편 이야기 분량이 제일 긴 연유다.

'무계획의 계획'은 봉 감독의 단편을 넘어, 이 저서에도 고스란히 해당된다. 애당초는 봉준호 한 감독만이 아니라, 일군의 감독 인터뷰들을 한 데 묶어 내는 것이 원래의 기획이었기 때문이다. 그간 15권이 태어난 '오늘의 영화' 시리즈 중, 2009년의 장훈(《영화는 영화다》)부터 2020년의 봉준호(《기생충》)에 이르기까지 10회 가까이 한국영화 최고작 감독을 인터뷰해왔다. 2011년 이창동(《시》), 2012년 이한(《완득이》), 2015년 김한민(《명량》), 2016년 류승완(《베테랑》), 2017년 이준익(《동주》), 2018년 김현석(《아이 캔 스피크》)이 봉준호 이외의 이름들이다.

그 명장들의 인터뷰들을 다 모아, 종합 인터뷰집을 발간하는 것이 원 계획이었다. 좀 더 적극적으로 부지런히 임했더라면, 한국영화 (제작) 100주년이었던 작년에 그 인터뷰집이 탄생했을 터. 그랬더라면 한국영화 100년의 의미를 조금이나마 더 제고시켰지 않았을까.

그 가볍지 않은 기획은 그렇게 해를 넘겼다. 올해는 기필코 그 계획을 완수해야지 굳게 마음먹고 있었다. 한데 〈기생충〉이 2020 제92회 아카데미상시상식에서, 노미네이션 된 6개 부문 중 미술상과 편집상을 빼고 작품상, 감독상, 각본상, 국제장편영화상(옛 외국어영화상)까지 4관왕에 오르는 역사적 쾌거를 일궈내는 게 아닌가. 무엇보다 그래서였다. 봉 감독의 인터뷰들만을 별도로 묶어내는 특별 기획으로 발전시킨 까닭은. 그로써 감독 봉준호, 나아가 인간 봉준호를 집중 조명하고 싶었다. 아울러 봉 감독이 '내셔널 시네마'로서 한국영화의 100년사에서, 아시아영화사에서, 더 나아가 125년의 세계영화사에서 차지할 굵직한 위상들까지도 담아낼 수 있기를 바랐다.

그 바람이 과연 얼마나 이뤄질지 여부는, 내 소관이 아니라 잘 모르겠다. 첫 번째 평론집에도 밝혔듯, 비평은 어차피 일종의 '기록으로서 준-역사'요 당대 현안에 대한 크고 작은 '문제 제기'라는 것이 변함없는 내 평론관인바, 단행본으로는 난생 처음 시도해본 전격적 작가론이자 작가론적 감독론이 그런 맥락(Context)에서 수용되고 소화되길 소망할 따름이다.

10년이면 강산도 변한다고, 이 가속의 시대에도 여전히 10여 년의 함의는 무겁게 다가선다. 지난 12년의 세월 사이에 넓게는 우리 사회 전반을 포함해 세상이, 좁게는 한국문화가, 한국영화가, 그리고 내 주변이 참 많이도 변했다. '코로나19'가 전 세계를 뿌리 채 뒤흔들고 있는 요즈음, 내 단행본 같은 작은 저서가 대체 무슨 의미를 띌 수 있을지, 회의도 없지 않다. 그럼에도 내 일상이 무기력하게 붕괴되는 현실을 마냥 바라만보면서, 내 자신을 그 놈의 신종 바이러스에 맡기고 싶지는 않다. 나는 최후의 순간까지, 개인이 할 수 있고 해야 할 일들을 하며 살아가다, 덜 후회하며 별 미련 없이 기꺼이 이 세상을 떠나가야 한다고, 믿는다. 그 점에서 치자면 이 단행본은 봉준호에 관한 기록이자, 살다보니 어느덧 우리 나이 60줄에 접어든 한 중년 평론가의 삶의 흔적이라 할 수 있을 성싶다.

이제 고마움을 전해야 할 차례다. 봉준호 감독이 그 첫 대상임은 두 말할 나위 없다. 인터뷰에서도 확인되듯, 도저히 인터뷰에 응할 수 있을 상황이 아니었건만 가까스로 시간을 내줘, 결국 이 책이 나올 수 있게 해준 그의 결정적 배려에 말로 형용키 불가능할 감사를 전한다. 그의 영화들도 그렇지만 그라는 존재 자체가 내게는 크디큰 배움이요 자극이(라고 말하지 않을 수 없)다. 나는 늘 '태도(Attitude)로서 영화', '사유와 실천으로서 영화', '개인과 사회의 상호작용으로서 영화' 등을 중시해왔고 그런 영화를 지향해왔다. 봉준호 그는 늘 그런 전향적 영화를 창조해낸 시그니처적 감독이요 인간이다. 그 점에서 그는 내게 한 명의 멘토라고 해도 과언은 아니다.

첫 번째 평론집의 '추천의 글'에 이어 표사를 보내준 평생의 동료이자 형이며 멘토인 임진모 음악평론가에게도 크고 깊은 고마움을 전한다. 빈말이 아니라 임진모 없는 내 인생은 상상조차 할 수 없다. "각본 3편을 동시에 쓰느라, 정신이 하나도 없다"는 와중에도,

목하 이 땅에서 가장 잘 나가는 대세 톱스타 연기자이건만, 짬을 내서 귀한 표사를 써 보내준 박찬욱 감독과 이병헌 배우에게도 큰 감사를 전하련다. 첫 단행본에 이어 두 번째 단행본도 내주는 손정순 대표를 비롯한 작가 출판사 식구들에게도, 그 이름들을 일일이 열거할 수 없을 만큼 많은 벗들과 선·후배들, 제자들, 가족들에게도, 특히 못난 남편이며 아버지인 이 몸을 한없는 인내·믿음·기대로 성원해주는 사랑하는 처와 두 아들 주협과 상협에게, 가슴 깊은 곳에서 우러나오는 진심 어린 고마움을 보낸다. 그러고 보니 그들은 단 한 명도 예외 없이 내게는 멘토 같은, 소중한 이들이다.

첫째 평론집 머리말을 시작하며 나는, "희미한 두려움이 동반된 부끄러움"을 피력했었다. 지금 이 순간 부끄러움은 여전하되 더 이상 두렵지는 않다. '기록으로서 비평', '문제제기로서 비평'의 존재 이유(raison d'être)를 그때보다 훨씬 더 굳게 신뢰하고 있기 때문이다. 국내외 저널리스트들과 더불어 해외 비평가들이 아니었다면, 〈기생충〉의 세계(문화)사적 성취는 현실화 되지 못했을 게 분명하다. 그런데도 비평이 죽었다고? 어불성설, 아닐까. 비평의 효용성은 당장 눈에 띄지 않을 순 있다. 그렇다고 영원히 죽어 사라진 것이라고 매도당해서는 안 된다. 자위, 따위의 핀잔을 들어도 상관없다. 나는 그렇게 믿으며, 견뎌가련다. 그 동안 그래왔듯, 앞으로도 계속. 나는 비평가다!

2020년 5월 전찬일

I. 프롤로그

'봉월드' 입문을 위한 총론적 안내:
〈플란다스의 개〉(2000)에서 〈기생충〉(2019)까지…

한국영화(제작) 100주년이었던 2019년, 3월부터 12월까지 총 10회에 걸쳐 진행했던 월간 문화전문지 《쿨투라》 연재 세 번째 감독 편에서 필자는, '한국 영화감독 10선'을 작성·발표했다. 〈하녀〉(1960)의 김기영(1922~1998), 〈사랑방 손님과 어머니〉(1961)의 신상옥(1925~2006), 〈오발탄〉(1961)의 유현목(1925~2009), 〈만추〉(1966)의 이만희(1931~1975), 〈서편제〉(1993)의 임권택(1934~), 〈별들의 고향〉(1974)의 이장호(1945~), 〈시〉(2010)의 이창동(1954~), 〈쉬리〉의 강제규(1962~), 〈올드 보이〉(2004)의 박찬욱(1963~), 그리고 〈살인의 추억〉(2003)의 봉준호(1969~)가 그들이었다. "50년 가까운 영화 보기 구력에서, 1960년대 후반부터 극장에서건 어떤 미디어를 통해서

건, 전작(全作)이든 다수의 영화들을 맛본 감독들로 한정"해 순위 아닌 연장자 순으로 선정한, 하지만 언제든지 크고 작은 변동이 가능한 미완의 리스트였다. 그때로부터 1년쯤 지난 지금 이 시점, 이창동부터 봉준호까지 이 시대의 감독들이 다소 많은 게 아닌가 싶고, 다른 감독들은 몰라도 〈적도의 꽃〉(1983)의 배창호나 〈돼지가 우물에 빠진 날〉(1996)의 홍상수 쯤은 포함돼야 하는 건 아닌가 싶긴 해도, 아직은 그 목록을 변경할 마음은 없다.

막내(?) 봉준호를 택하며 밝힌 사유는 다음과 같다. "박찬욱이 B급 정서를 A급 솜씨로 빚어낸다면, 봉준호는 A급 문제의식을 A급 수준으로 만들어내는 명장이다. 두 감독이 으레 대구(對句)로 함께 거론되는 으뜸 이유다. 월북 작가라는 사실로 인해 한때 금기시됐던,『소설가 구보씨의 일일』,『천변풍경』의 소설가 구보 박태원의 외손자라는 운명이나, 대학에서 사회학을 전공했다는 사실들도 그 이유들이다. 데뷔작 〈플란다스의 개〉(2000)는 흥행에는 실패를 맛보았지만, 평단의 호평을 끌어내는데 성공했다. 〈살인의 추억〉으로는 더 큰 비평적 찬사를 끌어냈을 뿐 아니라, 570만 여명으로 2003년 한국 영화 흥행 1위의 대박을 터트린다. 한국형 스릴러 영화의 가능성을 입증하면서. 영화는 최근《스포츠 동아》역대 한국 영화 정상의 영예를 거머쥐기까지 했다. 봉준호는 그 이후, 〈괴물〉(2006), 〈마더〉(2009), 〈설국열차〉(2013), 〈옥자〉(2017), 그리고 2019 칸 경쟁부문에 진출하고 5월 말 개봉 예정인 〈기생충〉에 이르기까지, 그야

말로 탄탄대로를 달리고 있(는 것으로 비친)다.”

　그 ‘탄탄대로’는 식상하리만치 널리 알려진 바대로다. 제72회 칸 영화제 황금종려상부터 2020 제92회 아카데미(오스카)상 작품상, 감독상, 각본상, 국제장편영화상 4관왕에 이르기까지, 그야말로 ‘역사적 사건들’의 숨 가쁜 행진이었다. 단적으로 칸 황금종려상 수상작이 오스카 작품상까지 거머쥔 경우는, 델버트 만 감독 어니스트 보그나인 주연의 수작 휴먼 드라마 〈마티〉(1955년 칸, 56년 오스카) 이후 64년만이다. ‘기념비적 대사건’이라 평하지 않을 도리 없다. 세월이 흘러 우리 모두가 저 세상 사람이 돼 있을 한국영화 200주년 때, 아니 그 이전에 150주년 때 한국영화 사상 최고 감독으로 임권택 아닌 봉준호를 꼽는 이들이 상당수일 거라면, 그 기념비성을 상상할 수 있지 않을까. 실은 그 정도가 아니다. 그때쯤이면 봉준호 그는 한국과 아시아를 넘어, 세계 영화사 최정상의 거장으로 자리매김 돼 있을 게 확실하다. 〈기생충〉의 신기록적 쾌거만으로도 그럴 테지만, 〈기생충〉은 ‘봉준호 영화세계’의 어떤 일단락이요 새 출발이지 종착지가 아닐 테기 때문이다. 봉준호가 향후 일궈낼 미래의 성취들은 〈기생충〉 못잖을 수 있을 테기 때문이다.

　《쿨투라》 7번째 한국영화 100주년 연재에서 그 2달 전 월간 《문학사상》에 보냈던 원고를 가져와, 한국 영화사를 결정지은 10개의 전환점(Turning Point) 중 하나로 〈기생충〉의 칸 황금종려상 수상을 선택했다. “한국영화와 아시아영화는 물론, 나아가 세계 영화사의 어떤 흐름을 뒤바꿀 역사적 쾌거!"라면서. 그 근거는 이랬다. "혹자는 지나친 과장이요 사대주의적 호들갑이라고 반문할 수도 있다. 그런 반문은 하지만 세계 영화역사에서 칸영화제가 차지해온 위상·권위를 잘 모르고 던지는 것일 공산이 크다. 프랑스 누벨바그의 총아 프랑수아 트뤼포가 27세의 '어린 나이'에 〈400번의 구타〉로 1959년 칸 감독상을 거머쥐고, 1960년 페데리코 펠리니가 〈달콤한 인생〉으로 황금종려상을, 미켈란젤로 안토니오니가 〈정사〉로 심사위원상을 (이치가와 곤의 〈열쇠〉와 공동) 수상하며 '현대 영화'(Modern Cinema)의 문을 활짝 연 이래 줄곧, 세계 영화사의 지형도는 사실상 칸영화제에 의해 그려져 왔기에 내리는 진단이다. 쿠엔틴 타란티노가 그 동안 미국 영화는 물론 세계 영화계의 중심에 위치해왔다면, 〈펄프 픽션〉이 1994년 칸 황금종려상을 안은 덕택이었음은 주지의 사실이다. 이제 그 무게추는 타란티노에서 봉준호로 전격 이동될 게 틀림없다. 그 잘 난, 하지만 특유의 게으름과 서구 우월주의에 물들어 한국 영화를 우습게 봐왔던 보수적 영화역사가들도 더 이상 봉준호의 영화들을, '내셔널 시네마'로서 한국 영화를 홀대하지 않고 본격 연구하게 될 터."라고.

세계 영화사에서 향후 펼쳐질 크고 작은 변화들은 충분한 시간을 두고 지켜봐야한다. 하나 타란티노에서 봉준호에로의 무게중심 이동은 오스카 시상식에서 이미 입증됐다. 생중계를 통해. 타란티노는 물론 그 현장에서 더 이상은 불가능할 오마주(경의/Hommage)

를 바친 거장 마틴 스코세이지도 일궈내지 못한 성과들을 봉준호가 이뤄내지 않았는가. 타란티노의 으뜸 대표작 〈펄프 픽션〉은 1995년 제67회 아카데미상에서 작품상, 감독상 등 7개 부문에 후보지명됐으나 각본상 수상에 그쳤다. 1976년 칸 황금종려상에 빛나는, 스코세이지의 대표 걸작 〈택시 드라이버〉는 작품상, 남우주연상(로버트 드 니로), 여우조연상(조디 포스터), 음악상(버나드 허먼) 4개 부문에 노미네이션 된 것이 전부였다. 단 한 개의 상도 가져가지 못했다. 감독상에는 후보에조차 들지 못했다.

'봉테일찬가'에 가까운 평가를 하고는 있으나 필자는 사실 〈기생충〉 이전까지만 해도 봉준호 감독에 대해 줄곧, 일정한 비판적 거리를 견지해왔었다. 당장 영화적 취향·지향 등에서 그와 나는 꽤 큰 차이를 보인다. 그것은 단적으로 '인생영화' 목록에서 여실히 드러난다. 봉 감독은 일전에 영국의 한 언론에서 인생영화 10편을 밝힌 바 있다. 〈비정성시〉(1989, 허우 샤오시엔 감독, 대만), 〈큐어〉(1997, 구로사와 기요시, 일본), 〈하녀〉(1960, 김기영, 한국), 〈파고〉(1996, 조엘 & 에단 코엔, 미국+영국), 〈싸이코〉(1960, 알프레드 히치콕, 미국), 〈성난 황소〉(1980, 마틴 스코세이지, 미국), 〈검은 함정(악의 손길)〉(Touch Of Evil, 1958, 오손 웰즈, 미국), 〈복수는 나의 것〉(1979, 이마무라 쇼헤이, 일본), 〈공포의 보수〉(1953, 앙리 조르주 클루조, 프랑스+이탈리아), 〈조디악〉(2007, 데이빗 핀처, 미국)이었다. 그때로부터 몇 개월이 지난 지금, 그 10편이 그대로일지 한두 편 정도는 변했을지 여부는 모른다. 애써 확인하진 않았다.

내 10편과는 딱 한 편만이 겹친다. 〈하녀〉다. 그밖에는 달라도 한참 다르다. 비교 삼아 밝히면, 내 나머지 인생영화 9편은 이들이다. 40년 가까이 1위 자리를 고수하고 있는 프랑스 영화의 국보 장 르누아르의 〈게임의 규칙〉(1939)을 비롯해 〈7인의 사무라이〉(1954, 구로사와 아키라, 일본), 〈무셰트〉(1966, 로베르 브레송, 프랑스), 〈제너럴〉(1926, 버스터 키튼 & 클라이드 브러크먼, 미국), 〈불안은 영혼을 잠식한다〉(1974, 라이너 베르너 파스빈더, 독일), 〈그녀에게〉(2002, 페드로 알모도바르, 스페인), 〈나, 다니엘 블레이크〉(2016, 켄 로치, 영국), 〈와호장룡〉(2000, 이안, 대만+홍콩+중국+미국), 〈클로즈업〉(1990, 압바스 키아로스타미, 이란)이다.

감독의 국적을 기준으로 치면 봉감독의 인생영화들은 미국 5편, 아시아 4편, 유럽 1편이고 나는 유럽 5편에 아시아 아시아 3과 1/2편, 미국 1과 1/2편이다. 둘 다 일종의 편식을 하고 있다고 할 수 있을 텐데, 내가 유럽 편중이라면 봉감독은 미국에 기울어져 있다고 할까. 봉감독이 장르영화에서 출발했고 선호한다는 점에서 당연한 기울기라고 할 수 있을 듯. 작가 영화에 치중하기 십상인 평론가와 만들기 중심의 감독 간의 차이일 수도 있을 테고. 하지만 내게도 히치콕 최고작은 〈현기증〉(1958)이 아니고 〈싸이코〉다. 1953년 황금종려상에 해당하는 칸 '대상'과 베를린 황금곰상을 동시에 거머쥔 〈공포의 보수〉는, 〈악마들〉(1955)과 더불어 평론가 이전 열혈 씨네

필이었던 나를 열광시켰던 클루조의 걸작이다. 프랑스 영화가 2편이 아니라면, 이 걸작을 내 영화 베스트 10 안에 넣는다 한들 무방할 터.

뿐만 아니다. 이안 감독이 아니라면 나도 〈비정성시〉를 선택했을 게다. 〈복수는 나의 것〉도 마찬가지다. 이마무라의 영화를 10편 안에 넣기엔 일본에는 걸작이 너무 많지 않은가. 오죽하면 1951년 베니스 황금사자상을 안으며 서구에 의해 아시아영화가 '발견'되는 결정적 계기를 마련하는 구로사와 아키라의 〈라쇼몽〉 대신 〈7인의 사무라이〉를 택했겠는가. 오주 야스지로의 〈동경 이야기〉(1953)나 미조구치 겐지의 〈우게츠 이야기〉(1953), 나루세 미키오의 〈부운〉(1955) 같은 걸작들은 또 어떤가. 2000년대 이후 세계 독립 작가영화의 최전선인, 태국 아피찻퐁 위라세타쿤의 〈친애하는 당신〉(2002) 등은 또 어떻고….

이렇듯 봉감독과는 제법 다른 영화 취향 탓이었을까, 고백컨대 〈플란다스의 개〉에 대해서는 아예 무심했었다. 〈살인의 추억〉에는 열광했으나, 그 열광은 외려 독이었다. "지나치게 상업적", 이라는 등의 이유로 칸이 철저하게 외면했거늘, 〈살인의 추억〉 이후 〈괴물〉부터 〈옥자〉에 이르기까지 그 어느 영화도 그 21세기 최고 한국영화만큼 흡족하지 않았다. 대개는 시큰둥해하거나 못마땅해 했다. 〈옥자〉 때는 "절반의 성공, 절반의 실패" 등의 점잖은 수사를 동원했었으나, 꽤 큰 실망을 하기도 했다. 그래서다. 《쿨투라》 연재 마지막 탄 "전찬일의 한국영화 100선"에 그의 장편 영화 7편 중 고작 2편, 〈기생충〉과 〈살인의 추억〉밖에 진입시키지 않은 까닭은. 〈마더〉와 〈설국열차〉는 2009년과 2013년 선보인 영화들을 대상으로 도서출판 작가가 100명의 문화 전문가들에게 의뢰해 선정·발표한 '오늘의 영화' 중 한국영화 최고작으로 뽑혔거늘, 그래 필자가 감독과의 인터뷰도 전격 진행했거늘 말이다.

이창동 감독의 경우 6편의 전작 중, 〈밀양〉(2007)을 제외—영화 자체보다는 크리스천으로서 용서에 대한 작가이자 감독인 이창동의 해석에 동의하지 않아서다—하고는 장편 데뷔작 〈초록 물고기〉(1997)부터 〈버닝〉(2018)까지 5편을 다 포함시켰다는 걸 감안하면, 봉준호에겐 지나치게 인색했다고 할 수도 있다. 그만큼 봉준호의 영화세계가 내게 만족스럽지 않았다는 사실을 함축한다. 내 평가는 〈기생충〉을 계기로 완전히 뒤바뀌었다. 매체 시사회에서 영화를 처음 보며 맛보았던 놀라움을 생생하게 기억한다. 그야말로 한국 영화사를 넘어 세계 영화사의 문제적 걸작이었다. 영화에 대한 개인적 호불호에서야 얼마든지 비판·비난할 수는 있을지언정, 영화적 만듦새에서는 흠잡을 게 거의 없었다. 두 번, 세 번 봐도 마찬가지였다. 앞으로 몇 번을 더 봐도 내 평가는 크게 달라질 것 같지도 않다. 영화구력 50년에 그런 '반어적 좌절감'을 안겨준 영화는 〈게임의 규칙〉이후 처음이었다. 따라서 〈하녀〉건 다른 그 어느 영화건 상기 내 인생영화 10편 중 한 편은 적당한 시점에 그 자리를 〈기생충〉에 양보

해야 한다.

〈기생충〉과 〈살인의 추억〉 아닌 봉감독의 다른 영화들에 대한 내 평가 또한 적잖이 바뀌었다. 어느 영화들과 교체해야 할지 여부는 좀 더 두고 봐야겠으나, 〈마더〉와 〈설국열차〉, 〈괴물〉 3편은 머잖아 한국영화 100선 안에 넣을 계획이다. 영화들을 다시 보며, 〈살인의 추억〉에 가려 애써 외면하려 했던, 적잖은 덕목들이 퍽이나 매혹적으로 다가와서다. 감독 특유의 사회(학)적 시각은 말할 것 없고, '비정상의 미학'(The Aesthetics of the Abnormal) 쯤으로 요약될 영화예술적 시선으로 평가컨대 그 세 영화들의 영화적 수준이나 만듦새 등도 완벽에 가깝게 여겨져서다. 그리고 〈살인의 추억〉을 넘어, 봉준호 필모그래피의 정점에 〈기생충〉이 자리한다.

이렇듯 〈기생충〉의 역사적 성취는, 달리 말해 '봉준호 월드'는 하루아침에 이뤄지지 않았다. 마침 그에 대해서는 한 일간지(국민일보)에 송고해 게재된 원고가 있다. 필요 시 부연을 하며 그 전문을 전하면서 '봉월드'에 들어가기 위한 이 총론성 안내를 마무리 짓고 인터뷰들 속으로 전격 들어가도록 하자.

"며칠 전 소위 '아카데미 효과'를 증거하는 흥미로운 기사가 보도됐다. 〈기생충〉이 제92회 아카데미 4관왕에 등극하며 봉준호 감독의 이전 영화들에 대한 관심이 급상승했다는 것. 장편 데뷔작 〈플란다스의 개〉도 예외가 아니다. 벨기에 플랑드르관광청이 12일 '플란다스'의 원 지명인 플랑드르(Flanders) 지역의 매력을 자세히 소개했단다.

장편영화로 한정하자. 〈플란다스의 개〉는 봉준호 영화세계의 어떤 출발점이다. 소품일지언정 문제의식은 〈기생충〉으로 이어지며, 〈옥자〉와는 직결된다. 필자와의 과거 인터뷰에서 봉 감독은 말했다. "'잘나가는, 그러한 시스템을 보여주려 했다'고." 예의 기성세대가 되길 거부하며 미숙한 상태로 머무르는 박현남(배두나 분)이라는 캐릭터가 등장하고, 이성재가 분한 고윤주 역시 현남과 크게 다르지 않건만 결국 기성세대화되는 모습을 교차시키며 보여주는 게 목표였다고. 강아지는 사실상 영화 전체의 거대한 맥거핀, 일종의 미끼였다는 것.

다시 본 영화는 재평가돼야 할 문제작이었다. "〈기생충〉으로까지 지속되는 코믹 감각이나 자유로우면서도 정교한 연기, 세심한 음악 연출, '봉월드'를 관류하는 노숙 모티브 등이 각별히 눈과 귀를 끌었다." 특히 "그만큼 음악이 강한 영화가 있을까, 싶을 정도로 음악이 다채롭고 전면적이다. 중심은 재즈이나 다양한 피아노 선율들도 동원된다. 음악 활용에서, 역시 음악이 결정적 역할을 하는 〈기생충〉과 가장 가깝다. 주인공 이성재의 대표작으로도 손색없다. 봉 감독의 말대로, 그만의 '어떤 섬세한 결 같은 게' 감지된다." 김호정이 연기한 아내 배은실이 시간강사 남편을 교수로 임용시키기 위해 퇴직금 1648만원 중 고양이 순자를 사기 위해 쓴 40만원을 제외한 전액을 내놓는 지점에서는 잊기 힘든 짠함이 찾아든다. 이래저래 영화는 저평가된 게 분명했다.

문득 의문이 밀려온다. 〈플란다스의 개〉의 흥행참패가 없었더라도, 〈살인의 추억〉의 기념비적 성취가 가능했을까. 클리셰여도 하는 수 없다. 실패는 성공의 어머니, 라고 단언컨대 불가능했으리라. 실은 장편 데뷔작 훨씬 이전, 대학을 졸업하고 1994년 한국영화아카데미에 들어가 졸업작품으로 단편 〈지리멸렬〉을 찍을 때부터 〈살인의 추억〉으로 새로운 인생이 펼쳐지기 전까지 10년 가까운, 짧지 않은 세월 동안 생활 이전에 생존이 버거웠고, '먹고사니즘'에 굴복해 영화계를 떠날까도 고민했다지 않은가. 1995년에 결혼한, 작가 아내의 격려와 협력이 아니었다면 정말이지 영화계를 떠나 다른 일을 하면 생계를 유지하며 살았을 수도 있었다지 않은가.

빈말이 아니다. 〈살인의 추억〉 이전까지만 해도 봉준호는 한국영화의 미래가 아니었다. 그 미래는 강우석, 강제규, 이창동, 이명세, 홍상수, 김기덕, 박찬욱, 김지운, 임상수 등의 것이었다. 돌이켜보면 1993년 11월 《말》을 통해 전격 영화비평에 뛰어든 이래 평론가로서 맹활약을 펼치던 그 10년 가까운 세월에 감독 봉준호에 대해 별다른 원고를 쓴 적이 없다. 글은커녕 별다른 주목을 한 적조차 없다. 사정은 다른 평론가들도 별반 다르지 않았다. 〈플란다스의 개〉로 크고 작은 눈길을 끌고 말이 돌았으나, 혹할 만한 것들은 아니었다. 강제규의 〈은행나무침대〉와 홍상수의 〈돼지가 우물에 빠진 날〉(이상 1996)나, 늦깎이 신예 이창동의 〈초록 물고기〉, 송능한의 〈넘버 3〉,

장윤현의 〈접속〉(이상 1997), 허진호의 〈8월의 크리스마스〉, 김지운의 〈조용한 가족〉, 임상수의 〈처녀들의 저녁식사〉, 이광모의 〈아름다운 시절〉(이상 1998), 정지우의 〈해피 엔드〉(1999) 등 여타 주목할 만한, 〈플란다스의 개〉 이전의 데뷔작들의 '소란들'에 비하면 소박하다 못해 소소했던 게 사실이었다.

그 점은 2003년 4월, 3주에 걸쳐 74명의 영화 관계자들을 대상―필자도 그 중 한 명이었다. 영화 3편과 감독 3인을 선정했는데, 일부 응답자는 영화와 감독 중 하나만 보내기도 했다―으로 조사해 5월 초 발표했던 영화 전문 주간지 《필름2.0》 '20세기 최고의 한국영화/영화감독'에서도 여실히 드러난다. 4월 25일 개봉한 〈살인의 추억〉은 그 대상에 포함되지 않았던 걸로 판단되는데, 28표를 얻어 1위에 오른 유현목 감독의 〈오발탄〉(1961)을 포함해 1표 이상 받은 영화는 총 65편이었다. 〈플란다스의 개〉는 1표를 득한 28 편 중 한 편이었다. 한데 총 29명의 감독 중에 봉준호는 없는 게 아닌가. 1표를 얻은 설경구 주연의 〈새는 폐곡선을 그린다〉(제작 1999/개봉 2002)의 감독 전수일이 1표를, 아예 1표도 받지 못한 〈동승〉(2000년 4월 11일 개봉)의 감독 주경중이 1표를 득했거늘 말이다. 이렇듯 봉준호는 결코 21세기 한국영화의 기대주가 아니었던 것.

2000년 12월 창간돼 2008년 12월 휴간 후 되살아나지 못하고 끝내 폐간의 길을 걸은 《필름2.0》만이 아니다. 지금도 여전히 건재를 과시하고 있는 《씨네21》의 진단도 별반 다르지 않았다. 양적으로

나 질적으로 공히 뚜렷한 성장세를 보인 2000년 한국영화계를 정리하며, 그 잡지에 기고했던 총 18명의 영화평론가와 기자를 대상으로 '올해의 영화'와 '올해의 영화인'을 뽑았는데, 그 어디에도 봉준호란 이름과 〈플란다스의 개〉는 포함되지 못했던 것이다. 영화로는 1위 〈박하사탕〉(이창동), 2위 〈오! 수정〉(홍상수), 3위 〈반칙왕〉(김지운), 4위 〈죽거나 혹은 나쁘거나〉(류승완), 공동 5위 〈공동경비구역 JSA〉(박찬욱)와 〈춘향뎐〉(임권택)이, 영화인으로는 이창동(감독, 시나리오), 심재명과 이은(프로듀서), 정일성(촬영), 송강호와 설경구(남자배우), 이미연(여자배우, 〈주노명 베이커리〉와 〈물고기자리〉)이었다. 〈플란다스의 개〉는 배창호 감독의 〈정〉, 장선우 감독의 〈거짓말〉, 김기덕 감독의 〈섬〉 등과 함께 아까운 표차로 '베스트 5'에 들지 못했고. 그리고 2000년의 신예는 〈플란다스의 개〉의 봉준호가 아니라 〈죽거나 혹은 나쁘거나〉의 류승완이었다. 그런 평가에는 필자 또한 예외가 아니었다.

관련해 며칠 전 만난 《씨네 21》 출신의 한 영화 제작자의 전언도 그 사실을 뒷받침했다. 일찍이 대학시절 영화 동아리 '노란문' 적부터 함께 영화 작업을 해왔던 지라 동지 봉준호의 미래를 내다보고 기사를 기획해내면, 친분관계를 의심받으면서, 데스크에게 퇴짜를 맞았던 게 부지기수였다는 것.

위기는 기회라고 그러나 봉준호는, 데뷔작의 부진에도 포기·단념하지 않고 학창시절부터 꿈꿔왔으며 자기가 진정 이루고 싶은 목표를 향해, 그 특유의 집념·집중력으로 무장한 채, 서두르지 않고 차근차근 나아갔다. 그리고는 와신상담 끝에 〈바람불어 좋은 날〉(1980, 이장호)의 '봉준호 버전' 격인 〈살인의 추억〉을 통해 한국 영화계에 일대 파란을 일으키며, 한국 영화사의 지형도를 다시 썼다. 그 걸작은 약 7개월 뒤 선배 박찬욱이 선보일, 또 다른 파격의 걸작 〈올드보이〉와 더불어, 〈기생충〉으로 또 다른 전환점이 도래하기 전까지 내셔널 시네마로서 한국영화의 과거와 미래를 잇는 결정적 가교로 기능해왔다.

위와 같은 산고를 거친 후 태어난 〈살인의 추억〉은 주지하다시피 "〈기생충〉 이전까지만 해도 으레 21세기 최고의, 어느 조사에서는 한국영화 100년사의 최고작으로 뽑히기도 했던, 봉월드의 정상이자 한국영화사의 어떤 전환점"이었다. 봉준호 영화의 주된 특징은 언제나 작은 개인에서 출발하되 그 개인사와 사회사를 장르적 재미와 시대적 의미로 개연성 충만하게 결합시킨다는 것인데, 그 정상에 그 걸작이 자리하기 충분했다. 일찍이 2000년대 한국영화 베스트 10을 선정하며 그 걸작을 〈올드보이〉에 앞서 정상에 위치시킨 것도 그래서였다. 필자는 "1980년대 대한민국의 남루함과 치사함, 폭력성, 파쇼성을 이만큼 실감 넘치게 포착한 예를 알지 못한다. 비평적 인정이나 전국 500만 명을 넘었던 대중 관객들의 호응, 한국 스릴러 영화의 새 장을 열었다는 점 등에서도 그 영화사적 의의는 아무리 강조해도 지나치지 않다."

이후 봉준호를 향한 담론들이 넘쳐나기 시작한다. 제23회 한국영화평론가협회상(영평상) 작품상(차승재), 감독상, 남우주연상(송강호)을 비롯해 당시 국내의 거의 모든 영화상을 휩쓸었으니 당연했다. 바야흐로 '봉준호의 시대'가 활짝 열린 것이었다. 드라마틱한, 너무나도 드라마틱한 반전이었다. 크고 작은 부침이야 있었으나, 그 시대는 〈기생충〉까지 줄곧 이어졌다. "〈살인의 추억〉의 역사적 성공은 〈괴물〉로 연결된다. 〈실미도〉(감독 강우석·2003) 〈태극기 휘날리며〉(강제규·2004) 〈왕의 남자〉(이준익·2005)에 이어 한국의 네 번째 '천만 영화'에 오른, 또 다른 기념비적 성공작. 희비극적 가족물이면서, 장르영화적 재미로 무장하고 그 가족에 치명적 비극을 안기는 국가와, 그 국가를 좌지우지하는 (듯한) 미국이라는 구조적 악을 향해 통렬한 비판의 화살을 날렸다는 점 등에서 〈기생충〉의 이란성 쌍둥이다. 〈살인의 추억〉을 놓친 칸영화제를 비웃기라도 하듯, 비공식 병행 섹션인 감독주간이 초청해 봉준호를 세계무대에 알리는 변곡점이 됐다. 이른바 '칸 효과'를 톡톡히 누렸는데, 국내 1000만 고지 등극도 그렇거니와 프랑스 유명 영화 월간지 《카이에 뒤 시네마》가 2000년대 세계영화 4위로 꼽은 것도 그중 하나일 듯하다."

하지만 앞서 언급했듯 플롯의 정교함도 그렇거니와 성격화·연기 등에서도 〈살인의 추억〉에는 다소 못 미친다는 이유를 들어 나는 영화에 시큰둥해 했었다. 필자 등 다양한 영화계 전문가 38명이 참여해 CJ문화재단 후원으로 한겨레신문이 선정한 '한국영화 100년,

한국영화 100선'에 〈살인의 추억〉, 〈마더〉와 함께 포함됐거늘. 〈괴물〉은 당시 600개 전후의 스크린을 '싹쓸이'하며 대대적 개봉을 하는 바람에, 독과점 시비에 휘말리기도 했다.

〈마더〉는 어떤가. 〈살인의 추억〉의 '엄마 버전'격인 문제작. 흔히 신성시되는 모성은 본능적이기 십상이라 맹목적일 수밖에 없다는 주제를 천명한다. 나는 그 문제작에도 삐딱하게 반응했다. "모성도 실은 이데올로기일 수 있다는 메시지에 깊은 인상을 받았으나, 지나치게 엄마 역 '김혜자의, 김혜자에 의한, 김혜자를 위한' 영화이지 않나 싶어 또 시큰둥해 했었"던 것. 2020 오스카 11개 부문에 최다 후보 지명되며 파란을 불러일으켰으나, 그저 음악상과 남우주연상(호아킨 피닉스)에 그치고 만 〈조커〉(토드 필립스)처럼.

그러나 작심하고 영화를 다시 보고 난 뒤, 그런 불만은 말끔히 가셨다. 300만 명도 채 되지 않는 부진한 흥행 성적밖에 거두지 못했으나, 네이버 관람객 평점에서는 9.45점으로 9.65점(10점 만점)의 〈살인의 추억〉에 이어 전작 중 2위에 올라 있다. 참고로 〈기생충〉은 상대적으로 저조한 9.07점으로, 3위다. 해외에서의 열광과 국내 관객들 간의 미적지근한 호평 사이의 '괴리'는 도대체 어떻게 이해해야 할까.

"CJ엔터테인먼트가 400억원이 넘는 거액을 전액 투자해 빚어낸 〈설국열차〉는 〈살인의 추억〉 못잖은 결실을 일궈낸 한국·미국·프랑스 합작영화다. 935만으로 1000만 고지는 넘어서지 못했어도, 대중과 비평 두 마리 토끼를 다 잡았다. 부일영화상, 한국영화평론가 협회상 등에서 최우수 작품상을 거머쥐었다. 일찍이 평했듯 '예술과 상업 사이의 균형을 추구하는 작가적 수작'으로 '이 시대에 꼭 필요한 희망이라는 메시지'를 담았다. '상업적 예술'의 모델로서도 손색없다. 〈괴물〉이나 〈마더〉를 능가한다면 과장일까. 전체적 선호도와 만족도 등에선 〈살인의 추억〉에 못 미치나, 그동안 봉 감독이 추구해 온 영화적 지향, 문제의식에선 그 걸작을 넘어선다."

이미 말했듯 칸에서 처음 본 〈옥자〉는 그간의 봉준호 영화들과 비교해 적잖이 실망스러웠다. "〈플란다스의 개〉에서 강아지들이 모진 꼴을 많이 당해, 속죄하는 마음으로 찍었다는 620억 원짜리 대작 모험 드라마." 다시 본 영화는 여전히 봉준호 필모그래피 최하위에 머무를 수밖에 없는, 그래도 문제적이긴 매한가지인 범작이었다. "치밀할 대로 치밀한 봉 월드에 비해, 전체적으로 허술하고 엉성했다." 하지만 〈기생충〉을 계기로 그 평가는 적잖이 바뀐 것도 사실이다. "그 절판의 실패가 〈기생충〉의 숙성과, 역대급 완성도에 큰 자양분으로 작동하지 않았을까, 싶어서다. 이쯤 되면 '봉준호 월드'를 이해하는데 미력하나마 도움이 되지 않을까."

Ⅱ. 인터뷰

〈기생충〉, 칸을 넘어 세계로!

사진 및 녹취정리 설재원(쿨투라 에디터)
일   시 2019년 7월 11일 오후 3시 30분~5시 40분
장   소 서울 방배동 카페 서래수

인터뷰 이후

'기념비적 성취', '역사적 쾌거' 등의 수사들은 이럴 때 동원하라고 존재하는 게 아닐까! 봉준호 감독의 〈기생충〉이 2월 10일(한국시간) 오전 10시경부터 열린 제92회 아카데미(오스카)상 시상식에서 영예의 작품상을 포함해 감독상, 각본상, 국제장편영화상 4개의 트로피를 거머쥐는 대 파란사건을 일으켰기에 내뱉어보는 감탄이다. 〈기생충〉은 후보 지명된 6개 부문 중 미술상과 편집상을 뺀 나머지 네 부문상을 휩쓸면서, 2020 오스카의 최다 수상작에 등극하는 기염을 토했다. 시상식 전까지만 해도 작품상 등 유력 수상작으로 점쳐졌던 샘 멘데스 감독의 〈1917〉은 작품상, 감독상 등 총 10개 중 기술 부문인 촬영상과 시각효과상, 음향효과상 수상에 그치는 이변 내지 참패를 연출했다. 이로써 〈기생충〉은 세계영화역사는 물론, 으레 보수적이요 차별적이었다는 91년 오스카 역사의 새 장을 활짝 열어젖혔다.

아카데미 사상 작품상 후보에 오른 11번째 외국어 영화요, 작품상과 국제장편영화상에 동시에 노미네이션된 6번째 영화였던 〈기생충〉은 외국어 영화로 오스카 작품상을 안은 최초의 영화라는 신기록을 만들어냈다. 각본상도 한국영화는 물론 아시아 작가 최초다. 그 동안 아시아계 작가가 각본에 참여하고 오스카 후보에 지명된 영화들로는 1987년의 〈나의 아름다운 세탁소〉(파키스탄 출신

하니프 쿠레이시 각본)를 필두로, 2000년의 〈식스 센스〉(인도 M. 나이트 샤말란 각본), 2007년의 〈이오지마에서 온 편지〉(일본계 2세 아이리스 야마시타 각본 및 스토리 참여), 2016년의 〈인사이드 아웃〉(필리핀계 로니 델 카르멘 스토리 참여), 2018년의 〈빅식〉(파키스탄 쿠마일 난지아니 주연 및 각본 참여)이 있었으나, 수상에는 실패했었다. 외국어 영화가 각본상을 가져간 것도 스페인이 낳은 거장 페드로 알모도바르 감독의 걸작 멜로드라마 〈그녀에게〉 이후 17년 만이다. 아시아계 감독이 감독상을 받은 것도 대만 출신 이안 감독(2006년 〈브로크백 마운틴〉, 2013년 〈라이프 오브 파이〉 수상)에 이어 두 번째다. 칸 황금종려상 수상작으로 오스카 작품상을 안은 영화로도 1955년 칸, 1956년 아카데미 수상을 자랑하는 미국영화 〈마티〉(델버트 만 감독)에 이어 두 번째다. 그야말로 그칠 줄 모르는 신기록 행진이다.

2019년 제72회 칸영화제 황금종려상을 거머쥐었을 때 이미 〈기생충〉은 한국영화의 새장을 활짝 열어젖힌 것이나 다름없었다. 한국영화 (제작) 100주년에 한국영화 최초로 세계 최대 권위를 자랑하는 국제영화제에서 최고 영예를 차지했으니, 어찌 그렇다 평하지 않겠는가. 하지만 그 영예는 정상이 아니라 새 출발이요 예고편이었다. 〈기생충〉은 오스카 작품상 수상작이 아니더라도, 한 영화가 지닐 수 있는 모든 자격·덕목을 두루 겸비한 흔치 않은 경우다. 역대급 완성도는 기본이고, 무엇보다 빈익빈부익부 양극화라는 목하 전 세계의 으뜸 화두를 서구인들이 유난히도 선호하는 가족 드라마라는 그릇과, 가족 희비극이라는 영화 장르로 재밌게 펼쳐 보이면서 결국 재미와 의미에, 시대(상)·어트랙션(Attraction/s)·교훈 등을 설득력 가득한 공감으로 전하는데 성공했다.

그래서일 듯. 8천 수백 명에 달하는 아카데미 회원들이 어느 모로는 불편하다 못해 불쾌하기까지 한 도발적 대중영화에 최종 승자의 영광을 선사한 것은. 그 점에서 〈기생충〉 같은 문제적 걸작은 과거에도 별고 없었고, 앞으로도 다시 조우하기 쉽지 않을 것이다. 더욱이 지난 3년 간 아카데미는 '아메리칸 퍼스트'라는 편협한 이데올로기 대신 '반-트럼프적 다양성 가치'를 표방한 영화들을 최종 승자로 비상시키는 파격을 연출한 바 있다. 그럼으로써 보수적 할리우드는 기회 있을 때마다 필자가 역설해온 영화의 '공론장(Public Sphere)적' 역할을 증거했다. 2019년의 〈그린북〉과, 2017년의 〈문라이트〉는 인종 차별을 극복하려는 '흑인들의, 흑인들에 의한, 흑인들을 위한 영화들'이었고, 2018년의 〈셰이프 오브 워터: 사랑의 모양〉은 멕시코 과달라하라 출신의 명장 기예르모 델 토로가 빚어낸, 냉전 시대를 배경으로 펼쳐지는 어드벤처·공포·로맨스·멜로·스릴러 등 복합 장르영화였다. 따라서 〈기생충〉의 작품상 석권은 충분히 예견되는 귀결이었다. 그럼에도 막판까지 마음을 졸이고 기대를 낮추려고 애썼던 이유는, 우리네 실사 영화가 단 한 부문도 최종 후보에 들어본 적 없었기 때문이었다. 그래 알아서 자기 검열·폄하를 했다고 할까.

〈기생충〉은 칸의 기세를 몰아 지난 1월 5일(이하 현지 시간) 열린 제77회 골든글로브 시상식에서 외국어영화상을, 2월 2일 열린 제73회 영국영화TV예술아카데미(BAFTA)에서는 외국어영화상과 각본상을 거머쥐었다. 역시 한국영화로는 처음이었다. 2018년 박찬욱 감독의 〈아가씨〉가 BAFTA 외국어영화상을 안은 적 있으나, 본상인 각본상을 받은 것은 최초였다. 사실 아카데미 레이스에서 6개 부문 후보에 오른 것부터가 일대 파란이요 사건이었다. 순수(?) 아시아영화로는 사상 최다 노미네이션이었으니 말이다. 2001년 이안 감독의 〈와호장룡〉이 작품상, 감독상, 각색상 등 10개 부문 후보에 오르고 외국어영화상, 음악상, 미술상, 촬영상 4관왕에 등극한 적 있으나, 엄밀히는 대만, 홍콩, 중국과 미국이 공동으로 제작해낸 미국영화나 진배없었다. 봉준호 감독의 〈옥자〉가 사실상 미국영화였듯이.

실사 극영화로는 상기 6개 후보지명이 모두 한국영화 최초였다. 〈기생충〉 이전에 한국영화가 오스카 최종 후보로 호명된 것은, 단편 애니메이션 부문에서 2005년 박세종 감독의 〈축! 생일〉이, 2013년 이민규 감독의 〈아담과 개〉가 오른 게 다였다. 그리고 올해 〈기생충〉에 가려 충분히 주목을 받지는 못했으나, 세월호 비극을 다룬 이승준 감독의 〈부재의 기억〉(In the Absence)이 단편 다큐멘터리 후보로 선정됐다는 것도 한국영화의 어떤 국제적 도약을 증거 하기 모자람 없었다.

〈기생충〉의 쾌거가 더 유의미한 까닭은, 국내외의 영화제·영화상 수상 레이스나 비평계의 인정을 넘어 세계 각지의 폭넓은 일반 대중 관객들로부터도 열띤 호응을 끌어내는데 성공해서다. 주지하다시피 〈기생충〉은 천만 고지를 돌파한 19번째 한국영화에 등극했다. 미국 시장에서도 개봉 5개월에 가까운 3월 9일 현재 5,300만 달러에 근접하며 6천만 달러를 향해 나아가고 있다. 그 최종 기록이 과연 어디까지 갈지는 계속 지켜봐야 한다. 오스카 이후 '기생충 열기'는 후끈 달아올랐고, 그 열기는 한동안 더 지속될 테기 때문이다. 참고삼아 밝히면 미국 개봉 외국어 영화 미국 내 흥행 역대 1위 작은 〈와호장룡〉(1억2천8백만 달러), 2위작은 1998년 칸 심사위원대상, 1999년 오스카 외국어영화상, 남우주연상(로베르토 베니니) 등에 빛나는, 이탈리아 로베르토 베니니 감독의 〈인생은 아름다워〉(5천7백6십만 달러), 3위작은 2003년 외국어영화상 후보였던 장이머우 감독의 〈영웅〉(5천3백70여만 달러)다. 놀라지 마시라. 반면 전 세계 흥행 성적에서는 한국에서의 천만 돌파에 힘입어, 2억4천6백만 달러로 미국 내 개봉 외국어 영화 전체 1위에 올라 있다. 〈영웅〉의 1억7천7백40만 달러는 일찌감치 따돌렸고, 2위작 〈와호장룡〉의 2억1천3백50만 달러, 1위작이었던 〈인생은 아름다워〉의 2억3천만 달러도 따돌렸다.

〈기생충〉을 향한 해외에서의 대중적 인기는 세계 최고의 규모를 자랑하는 미국 영화데이터베이스 www.imdb.com에서도 단적으로 드러난다. 오스카 수상 이후 팬들이 가장 사랑하는 영화 정상에 오른 지 두 달이 다 돼 간다. 최근 그 순위가 내려가긴 했지만. 4월 초순 기준으로 이용자들이 자유롭게 참여할 수 있는 영화역사 최고 평점 영화들(Top Rated Movies) 250편 중 26위에 마크돼 있다. 21위까지 올라갔다 서서히 내려가고는 있지만, 10점 만점에 8.6점으로 아시아영화로는 19위에 자리하고 있는 구로사와 아키라의 〈7인의 사무라이〉(8.6점)에 이어 최고 순위다. 〈올드보이〉는 68위에 올라 있다. 놀랍지 않은가.

적잖은 전문가들이 한국영화에 한정해 〈기생충〉이 일구고 있는 역사적 성취를 말해왔으나, 그 성취는 이제부터라도 101년의 한국 영화사를 넘어 아시아영화, 더 나아가 세계 영화의 기념비적 쾌거로 진단·회자돼야 마땅하다. (이상 아시아엔 http://kor.theasian.asia 참고·인용, 수정.)

〈기생충〉, 나아가 '봉준호 신드롬'은 유럽과 미국을 넘어, 2020년 내내, 아니 그 이후로도 지속적으로 전 세계를 관통할 공산이 크다. '방탄소년단(BTS) 신드롬' 등과 더불어. 아래는 칸 최고 영예를 안은 이후 한 인터뷰 전문이다. 그 동안 월간 문화전문지 《쿨투라》나 『2020 '작가'가 선정한 오늘의 영화』에 나갔던 인터뷰들은 이 인터뷰의 축약판들이었다.

인터뷰

봉감독과의 인터뷰는 이번이 세 번째다. 첫 번째 인터뷰는 〈마더〉 때로, 봉 감독은 미국에 나는 독일 베를린에 머물고 있어 서면 인터뷰를 진행했었다. 〈마더〉가 『2010년 '작가'가 선정한 오늘의 영화』에서 한국영화 최고작으로 선정됐을 때였다. 그 다음은 〈설국열차〉 때로 『2014년 '작가'가 선정한 오늘의 영화』에서 또다시 최고 한국영화 수상작으로 선정됐을 때였다. 임진모 음악평론가와 함께 방배동에서 인터뷰를 했다. 이번 세 번째는 칸영화제 황금종려상을 거머쥔 이후의 인터뷰다. 서면이 한 번 포함되어 있긴 해도 한 감독과 한 평론가가 10년에 걸쳐 세 번에 걸친 인터뷰를 했다는 것은, 개인적으로도 특별한 함의를 띠지 않을 수 없다. 그래서인지 감회가 퍽이나 새롭다.

〈기생충〉, 칸 황금종려상의 의미

전찬일(이하 전) 〈기생충〉이 칸 황금종려상을 수상하고, 개봉 후 국내는 물론 해외에서도 호평을 이어가고 있는데 정말 축하해요. 칸 이후 과도한 스케줄로 몸도 안 좋고 바쁜 와중에도 이렇게 시간 내주셔서 고맙고요. 개인적으로는 〈기생충〉이 '천만 고지'를 넘을 거라고는 예상—7월 21일(일)을 기해 넘었다!—하나, 아직은 못 넘었죠. 그래도 대중적으로 즐겁게 볼 수 있는 영화가 아니고, 불편함을 넘어 더러는 불쾌하기까지 한 영화가 천만에 육박하는 것, 이거는 영화 역사에 예가 거의 없지요. 〈기생충〉에 대해서는 세계영화사적관점에서 분석을 많이 하고 있는 편인데, 세계 최고 권위의 영화제에서 최고상을 받으면서 동시에 천만 같은 엄청난 대중적 흥행을 거둔 사례도, 제가 알기로는 거의 없죠. 굳이 찾는다면 쿠엔틴 타란티노 감독의 〈펄프 픽션〉 정도? 그런데 일반 관객은 말할 것 없고, 심지어 전문가들조차 칸 황금종려상의 의미를 잘 모르는 것 같더라고요. 저는 1997년부터 2017년까지 1999년을 빼고 총 19번을 다녀왔는데, 그래서인지 칸의 의미 등에 대해 많이 생각하곤 하죠.

봉 저도 잘 모릅니다. (웃음)

전 제 생각에 칸이 의미 있는 결정적 이유는, 1960년대, 좀 더 가까이는 1980년대 이후로 세계 영화역사는 사실상 칸 영화제에 의해 그 지형도가 결정되었기 때문 아닌가, 싶어요. 황금종려상 수상으로 인해 해당 감독은 물론, 그 감독의 나라 영화들이 '내셔널 시네마'로 집중적인 주목을 받는 거죠. 2007년 크리스티안 문쥬 감독의 〈4개월, 3주…그리고 2일〉이 칸 황금종려상을 거머쥐면서 루마니아영화가 한동안 난리쳤잖아요. 2000년대의 중요한 내셔널 시네마로서 루마니아영화가 집중조명됐었죠. 박찬욱 감독이 2004년 칸 심사위원 대상을 받으면서 큰 주목을 받았으나 그 주목은 주로 개인적 차원으로 흘렀고, 내셔널 시네마로서 한국영화로는 연결이 덜 됐죠. 하지만 황금종려상을 받았기 때문에, 〈기생충〉에 대한 호불호와 관련 없이 내셔널 시네마로서 한국영화에 대한 접근·평가가 달라지지 않을 수 없을 거예요. 누구에 의해 달라지냐면, 그 잘난 서구의 영화 역사가들에 의해서죠. 그들은 보수적이고 굉장히 게으르죠. 한국영화와 아시아영화를 우습게 알죠.

봉 유럽과 북미의 백인 평론가들을 말씀하시는 건가요?

전 그렇죠. 2년 연속 아시아영화가 황금종려상을 받았잖아요? 내가 알기론 그런 사례가 없었거든요. 그런 의미에서, 〈기생충〉에 대해 소재나 주제가 못마땅할 수는 있지만 영화사적 의의나 영화의 만듦새에 대해서는 인정하지 않을 길이 없다, 인정하지 않을 자신이 없다고 한 거죠. 솔직히 영화를 다시 보면서, 흠을 잡으려고 노력했어요. 물론 작정하고 흠을 잡으려면야 잡을 수야 있겠지만, 개인적으로는 흠 잡기가 쉽지 않더군요. 그래 나는, 수십 년 동안역대 1위로 꼽은 김기영 감독의 〈하녀〉(1960)를 넘어섰다고 주저 없이 평가한 유일한 영화라고 극찬을 하고 있죠. 그것이 〈기생충〉에 대한 내 최종 평가죠.

봉 김기영 감독님보다요? 에이 그럴 순 없죠.(웃음)

전 아니, 아니 난 그렇게 생각해요. 내 부동의 한국영화 1, 2위 영화가 〈하녀〉와, 이만희 감독의 〈삼포가는길〉(1974)이었는데, 동의 하든 하지 않든 나는 그 정도로 〈기생충〉을 좋게 본 거죠. 그래 기 존의 영화 미학적인 인터뷰와는 다른, 영화사라든지, 좀 다른 측면 에서 인터뷰를 하려는 거고요. 내 평가가 과하다, 라고 봉 감독은 생각할 순 있겠지만요.

적나라함을 피하지 않다보니 어쩔 수 없이 불편해진 것

봉 칸 영화제가 5월 하순에 끝났으니 영화제 이후 6, 7주쯤 지 났고, 개봉은 4, 5주 됐네요. 프랑스에서 6월 5일 개봉했고, 많은 나라들에서 개봉하고 있죠. 저도 잘 모르겠어요. 이런 상황에 대해 서는. 원론적인 이야기지만, 감독은 파이널 믹싱하고 프린트, 요즘 은 DCP(Digital Cinema Package)가 완성되고 나면 본업적으로는 마 무리되는 거잖아요. 영화제니, 홍보니 이어지는 중노동을 하는 것 은 사실이지만 그게 본업은 아니잖아요. 〈기생충〉은 3월 말에 마무 리했죠. 그래서 이번엔 좀 시간 여유가 있었어요. 쫓기지도 않았고. 우리끼리는 3월 말에 잘 마무리를 했고, 그 후로 영화는 단 1cm도, 0.1초도 바뀐 게 없거든요. 단지 그 영화를 둘러싼 소동들이 많이 생긴 거죠. 영화제 수상을 소동이라고 표현하니까 좀 이상한데, 좋은 의미의 소동들이라고 할 수 있겠죠. 한국뿐 아니라 베트남에서도 1, 2위를 하고 있고, 대만 홍콩 그리고 프랑스에서도 뭐 엄청난 히트가 되고 있죠. 모르겠어요. 그런 현상들에 대해서는. 특히 만든 사람 입장에서는 뭐라고 말하기 쉽지 않은 거 같아요. 돌이켜서 따져볼 시간적인 거리도 필요한 거 같고. 그리고 평론가 선생님들이나 여러분들이 저보다 더 객관적으로 보실 거 같고요. 개인적인 입장에서는 후회 없이 마무리했던 것 같긴 해요. 항상 허겁지겁해서 시간에 쫓길 때도 있는 것이고 여러 가지 사정들이 항상 있을 수 있는 건데, 이번에는 되게 차분하게 모든 것들을 잘 마무리해서, 영화 제건 개봉이건 다 할 수 있었던 건 개인적으로 만족스러웠던 부분인데, 모르겠어요. 박스오피스 결과에 대해서는, 지금 아직도 상영을 하고 있는 중이지만 그것도 당황스럽죠. 이걸 어떻게 본 거지? 외관만 해도 불편한데 영화가. 그런데 불편함을 두려워하지는 않았어요. 어차피 불편할 수밖에 없는 영화고, 괜히 어정쩡하게 어디선가 당의정을 입히려고 해봤자 오히려 더 영화가 멍청해질 것이다. 그래서 불편함을 받아들이고 대신 인물이나 스토리, 그러니까 주인공들에 대한 연민은 있으니까, 그것은 관객들이 알아주리라는 생각을 하고 갔죠.

전 사실 그 점에서 어쩔 수 없이 '봉준호 감독의 힘'을 인정하지 않을 수 없을 거 같아요. '추의 미학'이라는 것도 있긴 하지만, 미학적으로 말할 때 미학은 아름다움을 추구하는 건데, 대중영화인 〈기생충〉은 불편함을 대놓고 말하잖아요? 불편하면 보통은 타협을 하거나 판타지라는 기제를 작동시키거나 그러잖아요? 최근 한국영화의 흐름이 그렇죠. 리얼하게 가다가도, 결말은 관객들에게 만족을 주어야 하기 때문에, 그러니까 영화관을 나갈 때 기분 좋게 나가게 해야 하기 때문에 통쾌한 무언가를 주려 하거든요. 그런 게 바로 판타지죠. 대표적인 영화가 〈암살〉, 〈베테랑〉 같은 것들이죠. 제가 강의할 때 늘 역설하는데, 일선 경찰이 재벌 3세를 팬다는 것은 현실적으로는 불가능하죠. 왜냐면 그 전에 경찰들이 다 잘리기 때문이죠. 하지만 영화적으로는, 그런 선택을 하지 않으면 천만 못 넘는다고 말하곤 하죠. 그런 게 영화적 장치라고요. 현실역사에서는, 영화 〈암살〉에서처럼 실제 암살이 일어나지는 않았지만, 우리네 욕망이기 때문에 반드시 암살이 이뤄져야 하는 것이고, 관객들이 통쾌해하면서 보는 것이다, 라고요. 제가 인정하지 않을 길이 없다고 했던 것은, 보통 대중영화는 어쩔 수 없이 일부 타협을 해야 해기 마련인데, 타협을 하지 않으면서 본인이 원하는 바를 끝까지 밀어 붙였다는 거죠.

봉 불편함, 음 〈기생충〉이 결과적으로 불편하다는 것은 인정하는데요. 당연히 불편함을 목적으로 한 것은 아니죠. 만들어 놓으니까 결과적으로 불편한 거죠. 불편한 게 무슨 훈장도 아니고, "이 영화는 불편해!"라고 자랑할 일은 아니잖아요. 대신, 우리를 둘러싼 현재 이 시대의 상황이라든가 그런 것에 솔직하다보니까, 더 강하게 말하면 적나라함, 그 적나라함을 피하지 않다보니 어쩔 수 없이 불편해진 거죠. 저도 불편함을 목적으로 삼지는 않아요. 많은 제작비를 들여 영화를 만드는 사람으로서, 무슨 뭐 "관객을 불편하게 해야지", "극장을 나갈 때 기분 나쁘게 해야지" 하는 목적을 가지고 움직이지는 않겠죠, 당연히. 대신 솔직하고 싶은 거죠. 우리 영화 마지막에 우식이가, 기우라는 젊은 친구가 그 집을 사겠다고 하는데, 사실 굉장히 슬프잖아요? 불편하기도 하고. 살 수 없다는 생각이 들잖아요. 어떻게 보면 잔인하지만, 그걸 마지막에 이상한 사탕발림으로 포장하면 오히려 그게 관객에게 실례라는 생각을 했어요. 오히려 솔직한 게, 좀 다소 불편하게 극장을 나서더라도, 그게 관객을 향한 예의가 아닌가 하고, 그렇게 생각한 거죠.

전 사실 불편을 목적으로 하지 않았다고 할지라도, 봉 감독은 영화가 불편할 수밖에 없다는 것을 알고, 그 과정에서 장르적 재미를 꽤 많이 집어넣었죠. 〈기생충〉은 장르의 종합세트잖아요? 일찍이 봉 감독이 장르 세공력이 뛰어난 것은 알고는 있었지만, 이 정도까지였나, 싶은 거죠. 작심하고 "나 봉준호야!" 하며 보여주려고 하진 않았더라도, 인터뷰할 때마다 남들이 하는 것은 하고 싶지는 않다고, 늘 뭔가 새로운 것을 하고 싶다고 그래왔죠. 그래 다른 영화들을 압도하는 장르 혼성성이나 장르 세공력을 봉 감독이 의식적으로 보여주려고 하는구나, 를 느낄 수밖에 없었죠. 만약 영화의 결말이 그렇게까지 불편하지 않으면, 그렇게까지 공들이지 않아도 됐을 거예요. 그런 영화적 불편함이 장르적 재미 등으로 상쇄가 되면서 관객들이 많이 본 게 아닐까, 싶어요.

봉 홀리는 거겠네요, 일종의⋯

전 전 그런 걸 봉준호식 맥거핀 장치라고 보는데, 관객들이 영화를 보다보면 결말부에 많이들 죽어나가면서, 영화가 무겁고 암담해지죠. 가령 〈설국열차〉에서처럼 곰과 아이들, 그런 것도 없죠. 기우가 잠깐 꿈꾸는 것을 빼곤⋯

봉 오히려 더 슬퍼질 수도 있죠. 그런 꿈을 꾼다는 게⋯

봉 감독의 향후 새로운 행보

전 역설적으로 더 그럴 수 있겠죠. 봉 감독의 필모그래피에서, 〈기생충〉이 큰 의미의 일단락일 텐데, 봉 감독의 향후 행보를 기대해봅니다. 이 감독이 과연 어디까지 갈 것인가? 보통은 칸 황금종

려상 받으면 하강곡선을 타곤 하죠. 그건 역사가 입증하고요.(웃음)

봉 무서워요. 그런 말은 하지 마세요.(웃음)

전 세계영화역사가 입증한 거에요.

봉 아직 49세에요, 49세. 미국 나이로 49센데…

전 나는 봉준호 감독에게 벌써 칸의 두 번째 황금종려상을 기대합니다. 그냥 내 바람인데 어쩌면 영화역사상, 칸 영화역사상 최초로 3번째 칸을 거머쥘 수도 있겠다, 싶은 그런 기대까지 해요. 충분히 그럴 수 있는 몇십 년의 세월이 남아있으니까요. 그걸 의식하라는 건 아니고요. 나는 그걸 생명력이라고 하죠.

봉 요즘 프로모션 다닐 때나, 해외 영화제 때 질문을 많이 받는데, "황금종려상 이전 이후가 뭐가 달라졌느냐, 이후에 그 상으로 인해 당신의 계획이 바뀐 게 있느냐" 같은 질문을 많이 받죠. 그런데 제 영화를 찍는 패턴이, 영화를 준비하는 패턴이 숙성기간을 길게 하는 것이죠. 예를 들어 〈마더〉를 준비한 게 2004년, 〈괴물〉 나오기 전에 이미 김혜자 선생님과 〈마더〉 관련 의논을 했어요. 그리고 〈설국열차〉를 촬영하기 전에 이미 〈옥자〉를 준비하고 있었고요.

〈기생충〉은 〈설국열차〉 후반 작업 때 이미 준비했어요. 2013년에 구상을 했고, 2014년과 15년 〈옥자〉 프리프로덕션하기 전에 이미 스토리라인을 20페이지가량 써서 제작사랑 이야기했어요. 그래서 준비 기간이 다 디졸브처럼 오버랩 되어 있어요. 그래서 〈기생충〉이 개봉하기 전에, 〈기생충〉 이후의 둘 또는 세 가지 프로젝트가 이미 또 이렇게 겹쳐져 있어요. 그렇게 변함없이 지금도 하고 있어요. 그래 "칸에서 이런 일이 있었으니까, 이제는 나 자신을 다르게 포지셔닝해야 해. 나는 어떤 오퍼를 받아야해" 그런 개념이 없어요. 지난 20년간 해온 저의 패턴이 있어서 그게 꾸준히 반복되고 있고 지금 준비하고 있는, 공식적으로는 두 가지, 비공식 혹은 개인적인 채널까지 포함하면 한 세 가지 정도를 준비하고 있는데 그것은 전부 〈옥자〉 개봉 전부터 준비하던 것들이니까, 저는 최대한 평상심을 유지하려고 하고 있죠.

전 봉 감독이 그 평상심을 유지하려는 것은 나도 느끼고 있어요. 그래 일반적인 하강곡선을 타지는 않겠구나, 잘 해 나가겠구나, 생각하고 있어요. 나는 영화역사를 특히 중시하는 영화 평론가인데, 올해가 한국영화 100주년이잖아요? 그래 한국영화 역사를 둘러보고, 세계영화역사를 같이 짚어보면 정말 생명력들이 너무 짧지 않나, 싶어요.

봉 거시적으로 둘러보시니까, 그게 다 보이실 거 같아요.

전 생명력이 중요한데, 수십 년간 지속되는 감독들이 거의 없어요. 대개들 잠깐 반짝하고 말죠. 그런 것은 다른 나라도 큰 차이는 없긴 하죠. 그래서 켄 로치가 위대하고, 클린트 이스트우드가 위대한 거죠. 그 분들은 수십 년에 걸쳐 생명력을 유지해오고 있죠.

봉 〈더 뮬〉, 아 〈라스트 미션〉 보셨어요? 영화 대단하던데요?

전 〈라스트 미션〉 봤죠. 클린트 이스트우드는 자기를 조롱하고, 자기를 승화시키는 독보적인 감독이죠. 그러니 극보수인데도 불구하고 존경하지 않을 수 없고요.

봉 좌파 평론가들도 인정할 수밖에 없죠. 좌파 우파의 문제를 넘어서 있죠.

전 그 감독을 부러워한다는 게 아니라, 그런 생명력과 꾸준함, 어떤 정점을 찍었다고 해도 우쭐하지 않는 그런 태도를 높이 평가하는 거죠. 개인적으로는 연기자들에게도 그런 것을 바라죠. 다들 흔들리고 변하니까요. 송강호는 상대적으로 덜 흔들리는 배우이긴 한데, 평가마다 다르겠으나, 사실 〈마약왕〉으로 좀 흔들렸었죠. 한데 〈마약왕〉에서 흔들렸던 게 결과적으로 〈기생충〉에 약이 됐지 않았나, 싶어요. 송강호가 워낙 연기를 잘하기 때문에 지나치게 전면에 부각 되면 다른 배우들을 가렸을 텐데 그렇지 않아, 〈기생충〉에선 열 명의 배우들이 다 살아 있죠.

봉 〈마약왕〉을 의식하셨는지, 아니면 그러한 맥락이 있었는지는 모르겠지만, 처음 시나리오 받고 촬영 마칠 때까지 너무 즐거워하셨는데, 그 이유 중 하나가 좋은 후배들과 같이 앙상블을 이루는 걸 정말 좋아했어요. 〈택시운전사〉도 그랬지만, 본의 아니게 본인이 많은 짐을 져야 하는 경우가 많잖아요. 한데 〈기생충〉에서는 많은 인물들이 고른 비중으로 나오고, 〈기생충〉 촬영 중에도 후배들을 엄청 많이 챙겨주셨어요. 특히 처로 나온 장혜진 씨나, 지하세계에서 나오는 박명훈 씨. 대중들에게 상대적으로 덜 알려진 그런 배우들을 더 많이 잘 챙겨주시고, 앙상블을 이루면서 팀워크로 가니까 너무 좋다고 즐거워하시더라고요. 〈라스트 미션〉은 되게 쇼킹하게 봤는데, 클린트 이스트우드 감독 연세가 어떻게 되죠?

전 구십대에 접어들었죠, 한국 나이로…

봉 이제 마노엘 데 올리베이라─포르투갈 영화를 대표하는 거장(1908~2015). 주로 문학과 연극 원작을 영화화하였으며 스타일적으로 롱 테이크와 움직임 없는 정지 숏으로, 주제적으로는 철학적 테마를 극화한 것으로 유명하다. 대표작으로는 〈신곡〉(1991), 〈아브라함 계곡〉(1993), 〈편지〉(1995) 등이 있다―의 경지로 가고 계시는 건데, 나이도 나이지만, 〈그랜 토리노〉(2008)로 배우를 은퇴하신다고 했잖아요? 웬일로 그걸 번복하시고 다시 돌아오신 거지, 싶었는데 영화를 보니 이유를 알겠더라고요. 자신의 육체의 늙음, 그 늙음 자체가 캐릭터고 줄거리고 주제의 핵심에 가닿아 있는 건데, 분장조차 필요 없는 구십 세의 늙은 상태를 스스로 보여주면서, 왜 본인이 직접 연기도 할 수밖에 없었나가, 이해되면서 "와 이분 정말 대단하다"라는 생각이 들더라고요.

전 평론가건 감독이건, 우리가 닮고 싶은 어떤 모델이 있기 마련이죠. 일전에 베를린영화제에서 클린트 이스트우드 감독을 보는데, 얼굴을 보는 것만으로도 존경의 감정이 일어 벅찼던 기억이 나요. 그 분에게는 이데올로기를 넘게 하는, 그런 힘이 있죠. 이념과 관계없이 존경이 일었죠. 그 분처럼 존경받는 감독이 한국에도 나와야 하지 않을까 싶은데, 봉 감독과 그 분과는 40년 가까운 터울이 있긴 해도, 봉 감독이 그런 감독이 되길 바라고, 그럴 수 있을 거라고 믿고 싶네요.

봉 인간으로서나 예술가로서나 제가 그럴만한 역량이 되는지는 잘 모르겠지만, 회의적이긴 해도 그럴 수 있다면 있다면 좋겠죠. 노력을 해야겠죠. 저는 재작년에 〈옥자〉를 뉴욕에서 프리미엄 상영하면서 우연한 기회에 마틴 스코세이지 감독님을 뵐 기회가 있었는데, 같이 커피 한 잔 하면서 영화 이야기를 할 기회가 있었는데 굉장히 떨리더라고요. 사실 뭐 타란티노 형님하고는 한국이나 미국에서 술 마시고 수다 떨고 논적도 있고, 기예르모 델 토로와도 친하고, 고레에다 히로카즈 감독과도 일본에 가 대담도 한 적 있고 그런데, 이상하게 스코세이지 님의 경우는 그런 경우들과는 무언가 느낌이, 레벨이 다르더라고요. 되게 우연히 뵙게 된 거였지만, 설레면서 약간 떨렸어요. 한 시간 정도 커피 마시며 이야기를 했는데, 처음에는 조용히 이야기를 하시다가, 그때 그 분이 〈아이리시맨〉 후반 작업을 하고 계신 때였는데, 처음에는 차근차근 얘기하시다가 이야기 중후반쯤에 본인이 준비 중인 작품을 이야기하다 보니까, 감독은 천상 숨길 수가 없나 봐요. 점점 흥분하기 시작한 거예요. 그래서 일어나서 막 설명을 하시는 거예요. "이런 카메라 워크를 할 거고." 일어나서 계속 테이블 주변을 왔다 갔다 하면서 설명을 하시는 거에요. 그때 "나도 일어나야 되나?"하는 생각이 들기도 했죠. (웃음) 〈아이리시맨〉은 로버트 드 니로랑 알 파치노가 나오는, 넷플릭스 영화예요. 당시 감독님을 처음 딱 뵈었을 때 되게 놀랐던 것은, 외람된 말이나 너무 늙으신 거예요. 연세가 70대 후반인가? 그 분이 워낙 DVD 서플에 많이 나오잖아요. 워낙 영화광이라 남의 영화 DVD에도 많이 나오고, 수다를 떠시잖아요. 실제 뵈었는데 나이가 너무 많이 드신 거예요. 약간 놀라면서 가슴이 짠하기도 하고, 〈택시 드라이버〉(1976) 때 사진도 막 생각이 나는데, 그때 출연도 하셨잖아요. 구로사와 아키라의 〈꿈〉(1990)에 고흐 역으로 나와, 약간 어색한 연기도 하시고 그랬는데, 연세가 드셔서 되게 놀랐어요. 한데 그때 감독님의 열정이 막 느껴져서, "이거구나" 했어요. 일어나서 입에서 침이 튈 정도로 열정적으로 설명을 하시는데, 눈에서 막 광채가 나는 거예요. 호기심에 찬 고등학생의 반짝거리는 수정체 눈의 느낌이 보여서 새삼 더 존경스럽더라고요. 70대 후반의 나이에 저럴 수 있구나, 하는 동경이 들었어요. 그 분이 그렇게 활동할 수 있는 여건, 환경이라고 해야 할까요? 그런 게 부럽기도 했고요.

전 한국은 나이 50만 넘으면, 웬만한 감독들은 은퇴를 해야 하는 그런 상황이 조성되어 있죠. 아주 극소수, 투자 가치가 있는 감독만 살아남죠. 심지어는 흥행작을 만든 감독도 마찬가지예요. 그런 의미에서 전 생명력에 계속 집착하고 있죠. 꾸준히 오래 영화를 만들어낼 수 있는 어떤 힘. 그래서인지, 임권택 감독이 얼마나 감사한지 몰라요. 기대에 다소 못 미치는 영화를 만든다고 할지라도 그 분이 영화를 만드는 것 자체가 정말 소중하다는 생각이 들어요. 영화가 마음에 안 들더라도, 그 분이 현역으로 영화를 만들 수 있다는 사실이 아름답다는 거죠. 나도 나이가 들었다는 증거인 것 같은데, 그런 의미에서 봉 감독이나 박찬욱 감독이나 김지운 감독이나 그런 감독들이 꾸준히 60대 70대가 되더라도, 죽을 때까지 현역 감독으로 영화를 만들 수 있기를 소망해요. 데 올리베이라나 이스트우드 감독처럼. 켄 로치 감독도 은퇴한다고 하시면서도, 계속 영화를 만들고 있잖아요. 한국에도 임권택 감독님 같은 감독들이 좀 더 많으면 좋겠어요. 우리가 모두 존경하고 사랑하는 이장호 감독도, 감독으로는 50대로 끝났잖아요? 어제 배창호 감독도 만났지만, 늘 그런 게 아쉬워요. 봉 감독이나, 박찬욱, 김지운 등 나와 같은 연배의 감독들은 더불어 동세대를 보낸 사람들이니까 더 각별하고 오래 가면 좋겠다고 바라고 있어요. 참, 며칠 전에 〈아사코〉(2018)의 하마구치 류스케 감독이 〈기생충〉에 대해 쓴 글을 읽었는데 인상적이더군요.

하마구치 감독, "내 개인적 영화사는 〈기생충〉으로 완전히 바뀌었다"

봉 그 분과 잠깐 전화 통화를 한 적이 있어요. 한데 그 감독 영화를 제대로 본 게 없네요…

전 그 감독이 〈기생충〉을 보고 난 후 이런 평을 했어요. 세계 영화사를 아는 것 같더군요. "뇌수를 강타당한 듯 충격이었다. 나의 개인적인 영화사는 봉준호 감독의 〈기생충〉으로 완전히 새롭게 바뀌었다"라고요. 현역 감독이 이렇게 말하는 건 사실 흔치 않은 경우거든요. "동시대 영화를 보고 그런 감각에 휩싸이리라고는 전혀 예상 못했기에 상영이 끝난 뒤 스스로의 체험을 믿을 수 없어 현기증마저 느꼈다"라고 덧붙였어요. 내 느낌과 비슷한 거죠. 좀 더 인용해볼까요. "보고 나서도 내내 이 영화를 거듭거듭 생각한다. 모든 점에서 내 작품과는 비교할 수 없는 작품이지만, 그래도 나의 영화 만들기를 근본부터 재검토하도록 강력히 떠밀고 있다. 아마도 물 때문이리라. 낮은 곳으로 흐른다는 지극히 단순한 성질을 띠는 이 물질이 영화 속에서 꼼꼼히 배치된 상하관계를 사회적 메타포와는 차원이 다른 '사건'의 직접적인 비전으로 뒤바꿔버렸다. 또한 나는 물에 떠내려간 그 끝에서 마주했다. 노골적인 폭력을. 거기에서 폭력은 특정한 누군가의 전유물이 아니라 물과 마찬가지로 사람들 사이를 두루 훑으며 스며드는 무언가였다. 이 부분은 내게 직접적으로 두 영화를 상기시켰다. 에드워드 양의 〈고령가 소년 살인사건〉(1991), 그리고 로베르 브레송의 〈돈〉(1983). 이 영화를 만들어낸 한국 영화계에 아낌없는 찬사를 보내고 싶다. 한편에는 홍상수를 그리고 다른 한편에는 봉준호를 품은 현재의 한국 영화는 진정한 황금시대를 맞이한 듯하다." 근자에 발행되고 있는 격월간 영화 전문지 《필로우》 7~8월 호에 실린 거라는데, 어느 인터뷰에서도 봉 감독이 〈고령가 소년살인사건〉이나 〈돈〉을 언급한 걸 본 적이 없는

데, 하마구치 감독은 〈기생충〉을 보면서 세계 영화사에 우뚝 서 있는 두 거장을 떠올린 거죠.

봉 〈고령가 소년 살인사건〉은 제가 예전에 《키노》 인터뷰할 때 개인적인 탑 10으로 뽑았던 적이 있습니다. 오랫동안 기다려왔는데 최근에 블루레이가 나왔죠. 사서 다시 봤는데, 역시 좋더라고요. 〈돈〉에 대해서는 언급한 적은 없습니다. 평론가를 하다가 감독이 된 건가요? 느낌이 그렇네요.

전 평론가 출신 여부는 모르겠으나, 그 정도의 평을 할 수 있다는 것은 영화 만들기만으로는 안 되는 거고 영화 공부를 깊이 했을 거예요. 〈고령가 소년 살인사건〉도 그렇지만, 브레송의 〈돈〉까지 끌어낼 수 있다는 것은 감독의 수준이 남다르다는 의미죠. 봉 감독 영화 스타일은, 벨라 타르(〈토리노의 말, 2011〉)처럼 영화 미학적 스타일 때문에 플롯이나 캐릭터를 희생·억압시키는 감독들과는 다르잖아요. 전 일찍이 플롯과 캐릭터를 중시하고 사회적 시선이 강한 알레한드로 곤잘레스 이냐리투 감독(〈버드맨, 2014〉, 〈레버넌트: 죽음에서 돌아온 자, 2015〉)이 심사위원장을 맡아서 〈기생충〉의 수상 가능성이 높다고 분석을 했었고, 그런 결과가 나왔죠. 이냐리투 감독이 자기 스타일이 없는 게 아니라 플롯이 강한 감독이잖아요. 봉준호 감독도 자신의 영화 스타일 때문에 플롯을 죽이거나 하지 않고,

플롯을 강하게 밀어붙이고 살리면서도, 봉준호만의 자기 색깔을 잃지 않는, 그런 점에서 특별한 감독이고, 그런 의미에서 또 '중간영화'(Middlebrow Cinema)의 대표적 감독이죠. 중간영화는 소위 순수문학의 작품성과 대중문학의 재미를 동시에 갖춘, 신개념의 문학 장르인 '중간문학'에서 차용해 20년 가까이 사용해온 용어고요.

봉 전 장르 감독이죠. 장르인데 이상해서 그렇죠. 저는 장르의 흥분을 항상 원하니까요.

전 장르의 흥분을 원하는 감독들이, 보통은 메시지, 본인이 왜 영화를 만들었는가를 잊고 그냥 장르의 흥분 자체로 가버리는 경우가 왕왕 있거든요. 반면 봉 감독은 그러질 않죠. 자기가 영화를 왜 만들었는가, 영화를 통해서 던지고 싶은 메시지가 무엇인가를 잊지 않죠. 〈기생충〉은 두 가족이 아니라 세 가족의 이야기를 통해, 지금 우리의 운명을 좌우하고 있는 신자유주의 질서 체제, 월드 시스템을 비판하는 데로 나아가는데, 그게 먹힌 거고, 그래서 한국적 맥락을 넘어 외국에서 더 영화가 환영받고 있는 게 아닌가, 싶어요. 가족은 모두에게 공통된 이슈이고, 경제적 불평등 문제라든지 빈익빈 부익부 문제 등은 쉬운 해결책이 나올 수 없죠. 거기에서 느끼는 공감이 큰 것 같아요. 현실은 그리 만만하지 않다는 걸 아니까, 녹록치 않다는 걸 아니까….

봉 그러니까 당의정을 입혀서, 영화의 마무리를 달콤하게 했으면 그게 오히려 더 불쾌했을 것 같아요, 저는. 지금 현재 영화도 불편하다고 하지만 만약에 그 불편함을 피해보겠답시고 거기에 뭔가 달콤하게 처리했더라면, 그게 더 불쾌하고 열 받지 않을까, 그렇게 생각했어요. 차라리 솔직한 게 낫지, 현재 상황에 대해서….

<기생충>은 세 가족 이야기

전 사실 영화 속으로 좀 더 들어가면 보도 자료도 그렇고, 많은 이들이 <기생충>을 두 가족 이야기라고 쓰고 있는데, 이해할 수 없어요. 저는 반지하와 지상의 두 가족을 지하의 세 번째 가족을 위한 일종의 맥거핀 장치로 해석하고 있거든요.

봉 사실은 세 가족이죠.

전 당연하죠. 평론가들마저도 두 가족으로 쓰는 걸 보면, 도대체 영화를 어떻게 읽는 건가 하는 의문이 들더군요. 스포일러를 방지하기 위해 세 번째 가족을 은폐시킨 거잖아요?

봉 네, 세 번째 가족을 드러내면 안 되니까요.

전 나는 〈기생충〉에 대해 이렇게 썼어요. "봉준호 감독의 〈기생충〉은, 흔히 거론돼왔듯 두 가족이 아니라 세 가족 이야기다. 영화는 평범치 않은 세 가족 사이를 오가며, 감독이 역설했듯 희비극적으로, 더 이상 그럴 수 없으리만치 드라마틱하게 펼쳐진다"고. 드라마틱하게 펼쳐지기 때문에 대중들의 반응이 좋은 거고요. 만약에 드라마, 사연들이 없으면 관객들이 영화를 보러 그렇게 많이 가지는 않았을 거예요. 그래서 가서 보는데 영화가 적잖이 불편하고, 어느 대목에서는 불쾌하기까지 해요. 세상은 보통 이분법적으로 나뉘곤 하는데, 봉 감독은 세 개의 층으로 나눴어요. 지상, 반지하 즉 중간, 지하로. 그렇게 〈기생충〉은, 인물을 통해 세상을 외연과 내포, 미스터리 세 부분으로 접근한 이창동 감독의 〈버닝〉과 연결이 되죠. 저는 〈버닝〉과 〈기생충〉을 이란성 쌍둥이로 보고 있어요. 세상은 그렇게 이분법적으로 나뉘는 게 아니고 사실은 삼층 구조, 나아가 다층구조로 이루어진다는 거죠. 보통은 지하와 지상인데 중간층을 설정해, 반지하에 있는 사람들이 지상으로 올라가기 위해 바동 거리는데 그 수단과 방법이 옳지 않죠. 나는 그래서, '봉준호식 윤리'라고 말하죠. 아무리 힘들고 절망적이어도 그 수단과 방법이 옳지 않으면 안 된다, 라는 봉준호식 윤리를 제시한다고 해석하는 거죠.

봉 슬프지만 대가를 치르죠, 기택네 가족이. 막내 기정을 잃게 되고, 기택은 스스로를 어떻게 보면 셀프감금 하듯이, 햇빛이 없는

지하로 유배시키잖아요. 기택의 관점에서만 영화를 거칠게 요약하면, 계단을 올라가려 했던 자가 계단을 내려가면서 끝나는 이야기죠. 어떻게 보면 슬픈 이야기인데, 그게 또 어떻게 보면 영화의 최소한의 윤리죠. 그런 전개 내지는 플롯이 가능할 수 있었던 건, 세 번째 가족 덕분이죠. 시나리오를 준비할 때 처음에는 세 번째 가족이 없었어요. 2015년에 제작사 바른손에 20쪽짜리 트리트먼트 비슷한 걸 주고, 영화를 하자고 했죠. 그때는 제목이 〈데칼코마니〉였어요. 데칼코마니라는 게 좌우대칭, 그야 말로 두 가족이라는 말이잖아요. 제3의 것은 없는 거잖아요. 〈기생충〉으로 바뀌게 되는 건 훨씬 뒤죠. 제가 그 날짜를 정확히 기억하는데요, 왜냐하면 그날 너무 기뻐서였죠. 제 아이패드에 시나리오와 관련된 수십 쪽짜리 공책 같은 게 있어요. 2017년 8월 어느 날, 영화의 구조와 모든 게 다 떠올랐어요. 그때 기뻐서 메모를 해놨어요. 그게 세 번째 가족이 등장하게 된 날이에요. 지하와 문광, 근세. 그 전에는 두 가족만 있었어요. 2017년 여름까지요. 제가 집중적으로 혼자 시나리오를 쓴 게 2017년 9월부터 11월인데, 그 직전인 8월에 그 구조가 만들어진 거죠. 시나리오를 쓰다보면, 작은 알감자 같은 게 넝쿨처럼 쫙 올라올 때가 있는데, 그게 바로 그 날이에요. 2017년 8월 초의 어느 날, 그날의 기록들이 노트에 있는데, 그 세 번째 가족이 마케팅에서는 불가피하게 감춰졌지만, 그 지하의 커플이 없다면 영화는 훨씬 더 평범해졌겠죠. 평범하고 차별성 없고, 새로움이 없었을 거예요. 계단을 올라가려 했던 남자가 계단을 더 내려갈 일이 없었겠죠. 그리고 주인공 가족들이 반지하였다는 의미…반지하는 뒤집어 말하면 반지상인 거잖아요. 길을 지나가며 반대 시점에서 반지하를 내려다보는 사람들 입장에서는, 지하에 살고 있는 불쌍한 사람들인 거잖아요. 잔인한 앵글에 의해. 지하와 지상에 반씩 걸쳐 있는 인물들이 그 계단을 올라와서 지상의 2층집으로 침투해 들어갔는데, 결국은 오히려 더 자기보다 아래에, 지하에 있던 가족과 맞닥뜨리게 되면서 벌어지는 소동인 거죠. 주제뿐 아니라 플롯의 기술적인 면에서도 이 세 번째 가족이 아니었다면 시나리오를 풀어내지 못했을 것 같아요. 그들이 떠올랐던 게 가장 결정적인 순간이었어요.

⟨기생충⟩과 ⟨버닝⟩, 그리고 ⟨마더⟩와 ⟨시⟩

전 윤리라는 용어 자체가 어릴 때 강제적, 강압적으로 그리고 주입식으로 배웠기 때문에 굉장히 거북스럽고 또 반감도 있긴 해도, 인간의 윤리 문제는 우리가 평생 고민을 해야 하는 것이죠. 스피노자의 『에티카』를 거론하지 않더라도 우리는 늘 윤리적이기 위해서 고민을 해야 한다고 봐요. 영화를 통해 윤리 문제를 던지는 대표적 감독이 이창동 감독이에요. 특히 ⟨시⟩. 내가 이창동 감독을 좋아하는 이유는 윤리, 염치 그런 거 없이 살아가는 이 세상에 염치를 지키기 위해서, 윤리를 지키기 위해서 사는 외로운 사람들의 이야기를 하기 때문이죠. 개인에 집중하고, 그 개인을 사회적으로 확장시키는 데에는 소홀하고 관심이 옅긴 하지만요. 〈버닝〉과 〈기생충〉이 이란성 쌍둥이라는 이유는, 〈버닝〉이 세 청춘에 집중하다 보니 사회적으로 안 읽히긴 하나, 〈기생충〉에서 말하고자 하는 사회적 층위가 〈버닝〉에도 언더커버처럼 깔려 있죠. 〈버닝〉을 다섯 번 봤는데, 〈기생충〉을 보면서 〈기생충〉이 〈버닝〉에 결여된 사회적 함의를 보완해주니까 더 좋았어요. 〈버닝〉을 보면서 하루키 소설들을 다시 읽거나 미처 읽지 않았던 소설들을 더러 구해 읽었어요. 단편집을 포함 윌리엄 포크너도 읽었고요. 〈버닝〉은 칸 데일리 스크린 인터내셔널 역대 최고 평점인 3.8점(4점 만점)을 받았으면서도, 수상에는 실패했죠. 영화는 사실 존재의 문제를 다루건만, 그저 세 청춘의 이야기로 비치면서 그 가치가 제대로 인정받지 못한 게 아닌가, 싶어요. 하지만 개인적으로는 최고, 라고 여기고 있죠.

봉 〈버닝〉에 대해서는 특히 북미 쪽에서 엄청나게 열광했던 것 같아요. 저는 〈버닝〉이 칸 영화제 이후 개봉했을 때, 〈기생충〉 촬영이 시작된 뒤라 뒤늦게 봤어요. 되게 강렬한 느낌을 받았고요. 스티븐 연의 캐릭터가 뿜어내는 기이한 마력이 있어요. 위험한 매력 같은 거죠. 단순히 악당이라고 할 수는 없는, 되게 기묘한 공기를 품고 있는 캐릭터라서 스티븐 연의 그 캐릭터는 배우 입장에서나 연출자 입장에서나 쉽게 표현할 수 있는 캐릭터가 아닌데, 되게 묘하고 좋더라고요. 홍경표 감독의 촬영도 되게 인상적이었고요.

〈시〉에 대해 말하면, 아 〈마더〉와 〈시〉는 순서가 반대군요. 〈마더〉가 2009년이고 〈시〉가 2010년이니까요. 〈마더〉는 아들의 죄를, 진실을 알게 되지만 김혜자 선생님이 연기한 엄마가 그 죄를, 진실을 묻어버리잖아요. 그것을 파묻으면서 사실 자기 자신도 스스로 영원한 지옥 속에 파묻히는 거죠. 종팔(김홍집)이라는 장애우를 만나 울면서요. 감정적인 변명이지만 진정한 변명은 될 수 없죠. 이창동 감독님의 〈시〉를 보면 윤정희 여사가 맡은 할머니가 죄를 저지른 손자를 신고하잖아요. 아, 이건 완전히 다른 경지다, 주인공이 그런 고백을 할 수 있다는 것이….

전 〈마더〉는 모성이고 〈시〉에서는 할머니니까 한 단계 더 멀어진 모성인데, 그걸 모성으로 보면 모성을 두 분이 전혀 상반되게 푼 거죠. 저는 사실 〈시〉의 선택에 마음이 끌려, 지난번 〈마더〉 인터뷰를 하면서 이런 이야기를 했었죠. 〈마더〉는 결국 모성이 이데올로기고, 그 맹목성에 대한 비판일 수도 있겠다고요. "모성은 이런 거다"라고 인정하는 것도 있지만 또 한편으로는 모성이 얼마나 맹목적일 수 있는가를 보여준 거죠. 그러니까 〈마더〉는 "모성도 이데올로기다"라는 메시지를 보여준 것이죠. 반면〈시〉는 모성을 행동으로 보여준 거고요. 엄마가 아니라 할머니이지만, 할머니라서 더 어렵지 않을 수도 있지만, 당신도 결국은 사라져버리는. 보니까 이창동 감독에게는 사라짐이 중요한 테마이지 않나, 싶어요. 〈버닝〉에서도 사라지고, 어떻게 됐는지 모르잖아요. 〈시〉의 할머니도 사라졌고 죽었다고 해석하기 하나, 죽었는지 살았는지 그 자체를 확실히 보여주진 않아요. 결국 이창동 감독은 사라짐의 테마를 계속해서 영화로 만들어온 것이 아닌가, 싶어요. 죽음을 포함해서요. 사실 〈버닝〉에서 해미가 죽었는지 죽지 않았는지, 의견이 갈리잖아요? 전 죽지 않았다고 해석하고 있어요. 죽고 죽지 않고는 큰 상관이 없어요. 내게는 해미가 10년 후에 다시 나타나고, 해미가 사라져 지낸 그 어딘가에서의 해미 삶에 관심이 가요. 그 사이에 종수는 또 어떻게 되어 있는지도 궁금하고요. 벤은 죽었지만요. 나는 해미의 사라졌을 때의 그 이야기를 하고 싶어요. 한데 전종서가 할리우드에서 캐스팅됐다고 하더군요. 그것은 영화 안의 이야기가 아닌데, 정말 흥미롭네요.

봉 아, 텍스트 외적으로요?

전 네, 텍스트 외적으로요. 왜 그런 게 흥미로운가 하면, 봉 감독 영화를 보면 단편 〈지리멸렬〉의 에피소드들이 장편으로 들어가기도 하잖아요? 플롯 안으로 들어가든 이미지로 들어가든. 가령 대학에서의 서클 이름이 '노란 문'이었는데, 그래서 그런지 〈플란다스의 개〉를 보면 노란색이 관류하죠.

봉 잔망스러운 그런 디테일을 어떻게 기억을 하세요? (웃음)

<플란다스의 개>, <괴물>로 이어지는 노숙자

전 인터뷰 하려고 <플란다스의 개>를 한 번 더 봤어요. 분위기를 바꿔 큰 맥락의 질문을 하나 할까요? <플란다스의 개>부터 <기생충>에 이르기까지 봉 감독 영화에는 노숙자가 반복적으로 등장하더군요. 가령 <괴물>에서는 괴물을 죽이는데 윤제문이 분한 노숙자의 역할이 결정적이죠. 일종의 데우스 엑스 마키나인데, 하다 보니그렇게 된 건지, 아니면 특별한 이유가 있는 건지요? 감독으로서, 사회인의 한 사람으로서 주변인들을 향한 어떤 배려가 아닐까, 싶기도 하고요.

봉 <괴물>은 사실 어렸을 때 즐겁게 봤던, 그다지 고급스럽지는 않던 할리우드에서 나오는 <카프리콘 원>이라는 70년대 미국영화를 참고한 거예요. "미국 나사의 달 착륙은 뻥이다. 다 스튜디오에서 연출된 장면이다"라는 유명한 음모론에 바탕 하는 오락영화예요. 그 비밀을 밝혀내는 주인공 얘기죠. 그 영화 클라이맥스에서 주인공이 쫓기고 죽을 뻔하다 텔리 사발라스라는 개성파 배우가, 유명한 대머리 배우 아시잖아요? 초중반에 전혀 없던 인물인데 갑자기 텔리 사발라스가 나타나서 주인공을 비행기에 태우고 가면서

위기를 돌파하는데, 어린 나이에 그걸 보면서 되게 통쾌했던 기억이 있어요. 오히려 초중반에 없던 인물이 갑자기 나타나서 그렇게 하니까 더 신났던 거 같아요. 원초적인 할리우드식 옛날 그런 거에 대한 쾌감이 있었는데, 그것을 한번 해본 거죠.

〈플란다스의 개〉와 〈기생충〉은 묶어서 말할 수 있을 거 같아요. 인물의 역할도 굉장히 비슷한 면이 있고요. 그 두 인물 다 소위 정상이라고 부르는 세계에서 인정하기 싫어하는, 인정하지 않으려고 하는 존재인거죠. 그게 가족이건 아파트단지건 간에. 그런데 사실 엄연히 존재하는 거죠. 〈플란다스의 개〉 때도 실제로 한국과 일본에서 동시기에 그런 뉴스가 많았어요. 노숙자들이 겨울철에 제일 힘드니까 공사하다가 중단된 아파트 단지가 텅 비어있고 경비도 없다고 하니까 거기에 들어가서 기거한다는. 〈기생충〉 같은 경우, 문광이라는 그 집에 일했던 사람의 남편이 어떻게 집에 들어오는지에 대한 배경 설명을 대사로 말하잖아요. 배경의 세팅보다도 중요한 건, 엄연히 우리 옆에 실제로 존재하는 그런 사람이 유령 취급당한다는 거죠. 심지어 조여정 캐릭터의 대사를 들어보면 "언니 귀신 믿어요?", 이런 말을 짜파구리 먹으면서 하죠. 그 이후에 "근데, 뭐 귀신 나오는 집이 사업 잘되고 돈 잘 번다고 그러더라고"라며, 무당이나 할 법한 이야기를 하면서, 빚에 쫓겨서 지하에 숨어 있는 사람을 유령 취급하는 것으로 모자라 일종의 자신들의 부적 정도로 생각하는 거죠. 조여정이 짜파구리 마지막 한 젓가락을 먹으면서 "실제로 우리사업이 잘 되긴 해"라고 이야기 할 때 근세가 유령의 경지를 넘어서 살아있는 인간 부적이 되고 있어요. 이게 웃기면서도 슬픈 거죠.

〈플란다스의 개〉에서 김뢰하도 마찬가지지만 엄연히 존재하고 살아있는 인간인데 유령 취급을 당하는 거예요. 유령이나 괴물로 취급하고, 심지어 나중에 〈기생충〉 끝 부분 뉴스에서 보면 그 사람이 그 집 지하에서 나왔다는 상상조차 못하기 때문에 매스미디어는 "노숙자"라고 하잖아요. 신원을 알 수 없는 노숙자가 부잣집에서 묻지마 칼부림을 벌인 것이라고 말하죠. 끝까지 근세는 존재 자체를 인정받지 못하는 거예요. 그 집에서도, 부인에게서도, 그 집 막내아들에게서도. 그 집 막내아들이 본 유령 취급을 받다가 마지막에는 뜬금없이 이 사람은 노숙을 한 번도 해본 적 없는데 매스 미디어에서 노숙자로 네이밍되는 거죠. 이게 참 슬픈 운명인 거죠. 그래서 이 영화에서는 그 사람이 필요했던 것 같아요.

봉준호 감독이 서민의 삶에 시선을 던지는 이유

전 우리가 편의상 노숙이라고 칭하면, 봉 감독은 예술가 집안에서 성장하면서 성장 과정에서 생존에 고통을 느끼거나 그런 것 없이 무난하게 살아왔어요. 사실 그럴 경우 시야가 자신이 살아온 환경을 벗어나기 어려운데, 반대로 본인이 살지 않고 경험하지 못한 그 소위 서민보다 훨씬 아래에 있는, 내 표현으로 하면 프로박테리아 같은 삶, 그런 사람들의 삶에 시선을 던진다는 게 쉽지 않은 거예요. 어떻게 본인이 그런 것들을 체득 내지는 터득하게 된 건지요? 왜? 굳이? 그것이 봉준호의 인간에 대한 배려, 고려 그런 걸로 나름 해석은 하는데, 본인의 삶과는 다소 유리된 부분이 있지 않나 싶네요.

봉 네, 저는 중산층 가정에서 무난하게 자랐죠. 실제 경험하지 못한 것을 어떻게든 그래도 표현해내야만 하는 것이 모든 창작자들의 공통된 십자가죠. 그렇지 않으면 사실 소설가들은 평생 고뇌하는 소설들을 주인공으로만 써야 하고 저 같은 경우는 정신없는 영화감독의 스토리만 써야 하는 것인데, 그럴 수는 없잖아요. 가장 기본적으로 자기가 체험하지 못한 것을 어떻게든, 제가 살인을 해보지 않고 〈살인의 추억〉을 찍었듯이, 그게 가장 기본적인 의무이자 짐, 또 나쁘게 말하면 권리일 수도 있고요. 예를 들면 〈기생충〉 같은 경우 박 사장 집, 2층에 사우나가 있는 그런 부자들의 세계도 저는 경험해보지 못했거든요. 대학교 적 과외했을 때 그런 집에 가본 적은 있어요. 중학생 과외를 하러 갔는데 그때 아이가자기 집 2층에 사우나가 있다고 데려가서 보여주더라고요. 단독주택은 아니고 되게 좋은 빌라였는데, 저는 그 당시 굉장히 쇼킹했어요. 집안에 사우나가 있다니. 영화에서 보면 영화 중반에 조여정 씨와 송강호 씨가 사우나에서 이상한 대화를 하잖아요. 손 씻으셨어요? 이러고. 사우나 장면을 꼭 넣고 싶었어요. 대학교 다닐 때 과외하러 갔다가 본 그 집의 사우나가 저한테는 되게 충격적이었거든요.

전 그때 과외는 법적으로 금지되어 있을 때인가요?

봉 금지시켰다가 풀리고 났을 때예요. 저는 88학번이니까요. 서민적인 가정에서 과외를 한 적도 있고 극중 기우처럼 엄청난 부잣집에 가서 한 적도 있어요. 물론 남자 중학생이었어요. 아르바이트 학생과 제가 사귀거나 하지는 않았어요. (웃음) 남자 중학생 아이가 저를 데리고 가더니 2층에 있는 사우나를 보여주더라고요. 애가 아직 천진난만해서인지 거리낌 없이 보여주는 거예요. 저는 처음에는 그 빌라가 복층인 줄도 몰랐어요. 빌라인데 1층, 2층이 있다는 것에 1차 충격을 받고, 2층에 올라가니 사우나가 있는 거에 2차 충격을 받았어요. 이번에 제가 처음으로 부자 가족을 묘사를 한 번 해봤죠. 한강에서 매점하는 식구들, 약재상의 과부, 남루한 형사 이런 것들만 해왔는데, 그런 게 저한테는 가장 큰 도전이었어요. 과연 내가 부자를 묘사할 수 있을 것인가. 젊은 신흥 부자잖아요. IT기업의 엄청나게 돈이 많은. 부자지만 뭐랄까 매너도 있고 세련된 취향을 과시하려고 하는 그런 인물들이죠. 그러니까 집도 그런 남궁현자 같은 유명 건축가의 집을 샀겠죠. 무식하게 황금 샹들리에를 달아놓은 가정이 아니잖아요. 되게 모던한 집이에요. 오히려 그쪽이 이번에는 더 챌린지였던 것 같아요. 홍경표 촬영감독도 "우리 부자는 처음 찍어본다" 이러면서, 배우 이선균 씨나 조여정 씨한테 의지해서 잘 묘사해 나갈 수 있었던 것 같아요.

전 그래서 부자에 대한 가치판단을 하지 않으려고 더 노력한 거겠죠? 보통 그런 류의 영화를 보면 선과 악까진 아니지만 부자들을 천박하게 그린다든지 싸구려, 갑질하는 것을 보여주기도 하는데, 그런 대목 없이 그들도 인간이라는 것을 보여주려는 게 있었던 거겠죠?

봉 후반으로 가면 레이어가 벗겨지면서, 그래서 박 사장이 지하철 냄새를 이야기할 때 관객들은 약간씩 박 사장과 멀어지기 시작하고 그런 감정을 느꼈을 거예요. 매너 있고 세련된 사람이고 또 애한테 하는 걸 보면 잘 하잖아요. 지 아들이니까 그렇겠지만. 인간적인 면모들을 보이지만 한 꺼풀 한 꺼풀 얇게 겉껍질을 벗겨나가다 보면 이제 가까이 하기는 쉽지 않은 사람이라는 걸 조금씩 느끼던 찰나에 영화는 이미 클라이맥스에 도달해 있게 되죠.

기택이 박사장을 그렇게까지 죽여야 했나?

전 관객들의 제일 큰 불만은 기택이 박사장을 그렇게까지 죽여야 했느냐 하는 것인데요. 왜 죽음까지 가야하느냐 하는 불만이 많이 나왔죠. 나는 그래 "안 그러면 너무 억울한 거 아니냐?" 반문하곤 하죠. 영화를 보면 많이들 죽잖아요. 지상층에서도 한명쯤은 죽어야죠. 위선의 대가로 죽든, 냄새로 사람에게 모멸감을 줘서 기택이 참다 참다 못 참고 죽인 것이든. 사실은 저는 기정이 죽었다는 사실이 결정적이라고 보는데, 개인적으로는 그것이 봉준호의 공평함(Fairness)라고 봐요. 봉준호의 윤리라고. 왜냐면 가뜩이나 안타까운 밑바닥 인생인데 부자들은 다 살아남고 밑바닥만 죽으면 그건 너무 억울해서, 어떻게든 명분을 내세워서 죽여야 된다는 게 내 입장이죠. 지상에서 다 살려놓으면 안 된다고 보는데, 그렇다고 연교(조여정)를 죽이기엔 주저되는 거죠. 연교가 악당은 아니니까요.

봉 따져보니까 1번 가족은 기정이가 죽고, 2번 가족은 박 사장이 죽고, 3번 가족은 다 죽었네요. 그런 식으로 배분을 한 건 아니지만, 물론 공식적으로 봤을 때 박 사장 캐릭터가 죽을죄를 지은 건 없죠. 지하철 냄새 이야기를 했지만, 그걸 공식적인 석상에서 한 것도 아니고 누구를 공격하기 위해 한 것도 아니니까요.

전 류승완 감독의 〈베테랑〉에서 유아인 같은 캐릭터는 백 번 죽어 마땅하건만, 죽진 않고 맞기만 하죠. 그런데 〈기생충〉에서는 〈베태랑〉에 비해서는 별 거 아닌데도 죽이는 게 과하다고 투덜대는 사람이 주변에 좀 있어요. 그래 나는 앞서 말한 것과 같은 해석을 한 거고요.

봉 죽인 것, 그 행위를 한 건 기택인데, 기택조차도 스스로도 후회할 정도로 우발적인 범죄였잖아요. 제가 하고 싶었던 건, 우리가 표면적으로 '우발적이다'라고 치부하는 많은 범죄들이 있잖아요. 뉴스 같은 걸 보면 이런 우발적인 범죄가 있었구나 하죠. 그런데 우리가 단순하게 우발적이라고 치부해버리는 그 사건에도 모두 어떻게 보면 아주 미묘한 어떤 맥락이 있는 거죠. 물론 사회적 맥락이나 그것 때문에 그런 우발적인 범죄의 나쁜 결과를 정당화할 수는 없죠. 그래서도 안 되고요. 박 사장이 죽는 것은 어떻게 보면 분명히 타당한 일은 아니고, 죽어 마땅한 사람도 당연히 아니죠. 사실 박 사장에게 무슨 죄가 있어요. 말을 싸가지 없게 했다고 죽을 이유는 없는 거죠. 그건 분명히 기택의 우발적 범죄인데, 그 우발적 범죄에 도달하기까지의, 감정적으로 누적되어가는 과정을 영화는 최선을 다해서 보여줬다고 생각해요. 물론 그건 과한 거죠. 과한 행동이라는 것은 맞다고 봐요. 그런데 왜 그 과한, 우발적인 행동이 나올 수밖에 없었냐 하는 그 미묘한 맥락은 있는 거잖아요. 그 맥락이 있다고 해서 기택의 살인이 정당화될 수는 없죠. 당연히 그건 잘못된 거고, 공식적인 법리적인 세계에서는 감옥에 가야 마땅한 행위인데,

어쨌든 영화라는 매체를 통해서 이 미묘한 맥락을 우리가 볼 수 있고, 그 미묘한 맥락이 우리에게 주는 공포가 있다고 생각해요. 그것을 영화에서 섬세하게 다뤘어요. 이게 법리적, 법적 세계에 갔을 때는 전혀 고려조차 될 수 없는 변호사의 의견서든 판사의 판결에서든 한두 줄로 요약되기조차 쉽지 않은 건데, 영화라는 섬세한 매체를 통해서 그 미묘한 맥락을 한 번 보여줄 수 있는 거죠. 기택 본인조차 아주 금방 후회하는 행동이잖아요. 자기가 우발적으로 해놓고도 자기가 당황해서 어쩔 줄 몰라 하고 있다가 그 자리에서 도망쳐버리잖아요. 그래서 그 맥락을 짚어보는 거죠. '필연적으로 죽였다' 또는 '죽어 마땅하다' 하는, 어떤 윤리적인 깃발을 꽂은 것은 절대 아니었고요.

전 그런 의도를 했든 안했든 그러면서 인물들을 적절하게 안배를 했다는 생각이 들긴 해요.

봉 때문에 모두가 대가를 치른 거죠. 왜냐하면 모든 세 가족이 다 각자의 대가를 치른 거죠. 박 사장은 좀 과하게 대가를 치렀다고 볼 수 있고요.

"열 명의 캐릭터 분배가 굉장히 중요했고, 그것이 배우들에게 좋은 영향을 미쳤다"

전 감독들이 영화를 만들 때 어쩔 수 없이 역점을 둘 것들, 그러니까 역점의 우선순위가 있을 거예요. 가령 100가지 요인이 있는데 100가지 요인을 다 똑같이 할 수 없으니까, 인물들을 그런 식으로 분배하는 것, 그것이 〈기생충〉에서 굉장히 중요했고, 그것이 배우들에게 좋은 영향을 미쳤을 거예요. 나는 연기 측면에서 대한민국 최고의 영화를 〈왕의 남자〉라고 보는데, 인물들이 어떤 중심인물 때문에 희생당하질 않기 때문이죠. 나는 그런 처리를 굉장히 중요시 여기는 부류죠. 대부분의 영화들은 소수 주연 때문에 나머지 인물들을 다 희생시키곤 하죠. 그렇지 않은 영화들이 있긴 한데, 예를 들면 김성수의 〈무사〉라든지 최동훈의 〈암살〉이 그렇죠. 〈기생충〉은 무려 열 명을 멀티캐스팅 했어요. 문광 역을 맡은 이정은 씨와 근세 역의 박명훈 씨도 크레디트에 자기 이름을 올리고, 목하 두 배우가 가장 큰 조명을 받고 있잖아요.

봉 세 번째 가족이 중요하죠.

전 그렇죠. 〈기생충〉은 세 번째 가족 이야기가 메인인데, 스포일러 때문에 감독이 그렇게 숨긴 것이라고 생각해왔어요, 나는. 열 명의 캐릭터를 연출하면서 그 열 명의 배우들이 아역까지도 살아서 숨 쉬는 게 쉬운 일이 아닌데, 배우들에게 최대한의 기회를 주기 위해 의식하면서 연출한 것입니까, 아니면 그냥 캐릭터가 그렇다 보니 결과적으로 그렇게 된 것입니까?

봉 이 영화에서는 사건이 숨 가쁘게 전개되는 편이잖아요. 느긋하게 인물들 하나하나를 그리지는 않죠. 미니시리즈 16부작이라면 오늘은 이 인물을, 다음 회는 저 인물을 느긋하게 다루겠지만, 두 시간 10분의 러닝 타임 안에 숨 가쁜 여러 사건들이 있잖아요. 몰랐던 가족까지 하나 더 나오고, 또 뒤에 가면 에필로그까지 있잖아요. 사실 시나리오 때는 그렇게 배려할 여유는 많진 않았어요. 자연스럽게 벌어지는 상황들, 특히 후반으로 갈수록 급변하는 전개를 매끄럽게 감당해내는 것만 해도 쉽지 않았어요. 그런 건 있는 것 같아요. 아역까지 챙겼다고 말씀을 하시니까 굳이 말하자면, 시나리오에는 없었는데 제가 콘티를 그리면서 추가한 케이스가 있어요. 연교가 문광을 해고하는 장면이 있어요. 기택과 사우나에서 "저는 결핵 뭐 이런 거 얘기도 안할 거예요. 다른 핑계 대서 깔끔하게 해고할 거고. 그 방법이 좋더라고", 뭐 그런 대사인데 장면이 바뀌면 도대체 무슨 핑계를 대서 해고하는지 안 나오고 뒤에 잔디밭에 어떤 자세로 앉아 있거든요 연교가. 그 자세를 제가 주문했어요. 어색한 침묵이 있고 햇빛이 들어오고. 당연히 이제 해고되겠구나, 관객은 알죠. 시나리오에 그렇게 묘사되어 있는데 콘티에서 바꾼 게 무엇이냐면 그 장면을 다송이, 부잣집 막내의 시점으로 바꿨어요. 시나리오에는 두 여인들, 문광과 연교만 등장하기로 되어 있었는데,

저의 콘티에서는 처음 장면이 바뀌면 인디언 모자를 쓴 다송이가 나와요. 다송이가 평소답지 않은 가라앉은 얼굴로 무언가를 보고 있어요. 숏이 바뀌면 이제 그 침묵의, 해고의 순간이 나오거든요. 그리고 다시 숏이 바뀌면 되게 롱 숏이고 늦은 오후의 쓸쓸한 햇빛이 출렁거리면서 아이가 요만하게 뒷모습이 보여요. 그 다송이라는 애가 처음으로 되게 정적으로 나와요. 맨날 까불고 움직이고 그러는데, 상당히 정적인 그 아이의 쓸쓸한 뒷모습이 나오죠. 전체 메인 플롯과는 상관없지만 순간적으로 다송이, 그 부잣집 꼬마의 외로움을 보여주려 했어요. 실제 제가 과외했던 아이가 그랬기도 했고요. 조여정 씨랑 시나리오 이야기를 하며 설명했던 건데, 그 엄마는 아들에 대한 집착은 매우 강하지만 의외로 영화 전체를 보면 연교와 다송이가 스킨십하는 순간이 단 한 번도 없어요. 일부러 그렇게 찍었어요. 조여정 씨가 연기한 그 부잣집 사모님 연교는 애를 안아주는 것보다는 길에 나갔을 때 처녀처럼 보이고 싶고, 필라테스를 하고, 그런 스타일의 캐릭터인 거예요. 그래서 애를 안고 있거나 모유를 먹이지는 않았을 것이라고 추정이 되고. 스킨십이 없는 거죠. 그래 다송이가 오히려 문광이라는 아줌마와 뒤엉켜 노는 게 나오잖아요. 처음에 기우한테 월급을 주면서 얘기할 때 보면 다송이가 보이 스카우트 복장으로 문광과 다송이가 아이처럼 노는 게 나오거든요. 문광이 빙빙 돌리고 둘이 아주 강하게 얽혀서 노는데, 다송이에게는 문광이 유일한 친구인 거예요. 누나는 이미 나이 터울이 크고, 누나가 애랑 놀아주겠어요? 맨날 꿀밤 때리고 구박하고. 다송이의 유일한 친구가 문광인데 그 친구가 해고되고 사라지는 순간인거예요. 그래서 원래 시나리오에는 없었는데, 그 숏을 다송이 시점으로 스토리보드에 바꿨고 그 느낌을 조여정 씨도 굉장히 좋아했어요. 콘티를 보고 "이 신이 다송이 시점이 되니까 훨씬 더 좋은 것 같아요"라고 여정 씨도 말했어요. 물론 제가 시나리오를 쓰기도 했지만 그런 것이 연출자가 계속 고민해야 하는 부분이 아닌가라는 생각이 들더라고요. 전체 스토리에서 잠시 벗어나지만 어쨌든 다송이를 위한 모멘트가 되는 거죠. 그게 나중에 가면 문광이 비오는 날 다시 집으로 돌아왔을 때 그러잖아요. "막내 다송이하고는 아직도 문자를 하거든요." 그러니까 그 변명하고도 이어지는 거죠.

 전 이 영화가 플롯 상으로 특이한 게, 열 명의 캐릭터가 다 중요할 수 없기 때문에 양적으로 비중 차이가 날 수밖에 없잖아요. 그런데도 양적 비중에 의해 감상의 차이가 크게 나지 않는 아주 특이한 경험을 했어요. 왜냐하면 양적 비중이 작아지면 인물이 별로 중요하지 않게 느껴질 수 있기 마련인데, 비중과 관계없이 캐릭터들이나 배우들의 존재감이 늘 살아 있어요. 박소담 씨 같은 경우는 정말 깜짝 놀랐죠. 배우들이 연기도 잘했지만 연출이 그랬어요. 현실에서도 그렇잖아요. 누구 때문에 누구를 희생시키고, 누군가를 위해 나머지를 다 지워버리는데, 〈기생충〉에서는 열 명 중 누구 하나 지우지 않았다는 게 좋았고, 그래서 영화를 극찬할 수밖에 없는 거죠.

봉 그래서인지 김성수 감독님의 〈무사〉를 예로 드셨을 때 공감이 되었어요. 영화도 그렇지만 저는 그 영화의 시나리오를 읽었거든요. 시나리오는 심지어 더 그래요. 마지막에 편집을 하시면서 러닝 타임에 문제가 있으니까 불가피하게 좀 줄였는데, 아마 그 시나리오대로 다 해서 3시간 정도로 만들었다면 말씀하신 것처럼, 이미 모든 인물들을 배려하는 영화지만 더, 〈7인의 사무라이〉처럼 더, 정우성 씨 캐릭터나 모든 캐릭터들이 빛났을 거예요. 〈무사〉를 예로 드셔서 굉장히 반갑더라고요.

전 남들이 〈무사〉 욕할 때 나는 칭찬했고, 남들이 다 〈비트〉를 칭찬할 때는 비판했죠. 때문에 김성수 감독과는 사이가 틀어졌다가 〈무사〉를 계기로 친해졌어요. 〈무사〉가 기념비적인 영화고, 그 뒤를 잇는 영화가 장훈의 〈고지전〉이죠. 〈기생충〉이 그 정점을 찍은 거고요. 열 명의 캐릭터가 다 살아 숨 쉬고 열 명의 배우가 다 살아있는 영화, 그런 영화는 거의 없어요. 〈기생충〉에 나오는 계단 이미지나 시퀀스는…, 사실 계단 이미지는 세상의 모든 영화에서 중요하잖아요. 김기영 감독의 〈하녀〉가 높이 평가를 받는 주된 이유가 계단 시퀀스 덕분인데, 〈기생충〉은 물과 계단을 깊이 있고 길게 보여주죠.

봉 기우를 계단에서 한 번 멈춰 세운 이유죠. 빗속을 계속 가다가 한번 서서 자신의 발을 내려다보잖아요. 계단을 타고 물이 막 폭포처럼 흘러내려 가는데, 그 장면을 굉장히 찍고 싶었어요.

전 그래 '상승과 하강'이라는 언급이 나오는 거에요. 일반적으로 영화에서 플롯의 설정으로 가능할 수는 있겠으나, 그 상승과 하강을 이미지로 보여주는 영화는 별로 없죠. 그러니까 류스케 감독이 물이나 계단의 이미지, 그런 것들에 반한 거겠죠? 많은 영화들이 물성을 이미지로 보여주기보다는 대사로 처리하거나 그러곤 하거든요. 그에 반해 〈기생충〉은 복잡한 플롯이 진행되는 와중에 이미지로 물성을 확실하게 보여주죠. 그야말로 최고의 극찬인 거죠.

봉준호 감독의 다른 영화 이야기

전 〈기생충〉 이야기를 많이 했는데 이제 다른 영화에 대해 말해볼까요. 봉 감독의 출발이라고 볼 수 있는〈플란다스의 개〉의 경우 비평적 평가에 비해 흥행 성적은 좋지 않았어요. 그 영화는 소품에 가까웠죠. 그 영화를 다시 보면서 느낀 건 봉 감독이 생각보다 코믹쪽에 관심이 크고, 음악에도 관심이 크구나, 하는 거였어요. 내가 생각하기에 〈플란다스의 개〉 만큼 음악이 강한 영화가 있나 싶을 정도로 음악이 다채롭죠. 메인 톤은 재즈지만 다양한 피아노 선율도 사용하죠. 음악 활용에서 영화는 〈기생충〉과 가장 가까워요. 장편 데뷔작이 최근작인 〈기생충〉과 연결되는 지점이 많은 거죠. 어때요? 하다보니까 그렇게 된 겁니까?

봉 〈플란다스의 개〉를 다시 돌이켜보거나 더듬어 볼 여유는 없었죠. 그런데 묘한 운명적인 그런 게 있나 봐요. 아까 8월이라고 했잖아요. 그 감자 넝쿨. 그 모든 구조가 떠오른 2017년 여름 8월 어느 날이 김뢰하 선배 가족이랑 식사하러 간 날이에요. 뢰하 형을 만나러 차를 운전하면서 식당으로 가는데, 그런 모든 생각이 났거든요. 뢰하 형이 〈플란다스의 개〉에서 노숙자였잖아요. 지금 생각해보니 그런 느낌도 드네요. 그날이 그날이었어요.

전 사실 〈지리멸렬〉에서 김뢰하 씨가 검사 역으로 나오잖아요. 《조선일보》 논설위원도 등장하고요. 그리고 교수. 본인이 다닌 학교에 대한 애정을 품고 비판도 하고 조롱도 하고 그런 것이겠죠. 연세대라는 걸 굳이 숨기지 않고, 조선일보도 대놓고 보여주거든요.

봉 네. 뭐 아무래도 학생시절이니까요. 조한혜정 교수님 방을 빌려서 찍었고요. 로케이션 자체가 제가 다녔던 학교, 익숙한 곳이니까 구석구석 잘 알고 있어서 거기서 찍었죠. 〈플란다스의 개〉 라스트 신에서 이성재 씨 연구실 커튼이 닫히잖아요. 교수가 됐지만 어둠 속에 갇히잖아요. 그것도 연세대학교 사회과학대 과학실에서 찍었어요. 제가 구석구석 잘 아는 로케이션이니까 자연스럽게 그렇게 한 건데, 뭐 대학과 신문사의 실명을 거론하면서 짜릿한 쾌감을 느낀 건 아니었어요. 저는 옛날부터 가상의 이름이 나오고 그런 게 참 싫더라고요. 〈기생충〉에서도 보면 JTBC라고 나오잖아요. 〈괴물〉에서도 보면 KBS 뉴스가 나오죠. 저는 그런 걸 예로 들어서 괜히 없는 방송국 이름 만들고 그런 게 옛날부터 너무 썰렁하고 싫은 거에요. 그런 단순한 집착에서 나온 거죠.

전 예전에는 이성재 씨 연기를 대충 봤는데, 〈플란다스의 개〉를 다시 보니 이성재의 대표적 연기더라고요.

봉 그 분만의 어떤 섬세한 결 같은 게 있어요.

전 영화에는 짠한 순간들이 나오죠. 아내의 퇴직금, 1648만원이 나오는데 나하고 겹쳐지더군요. 내가 그렇게 산 사람인지라…(웃음)

봉 돌아가신 저희 아버지는 그 영화를 별로 안 좋아하셨어요. 저희 아버지도 대학에서 가르치셨기 때문에 〈플란다스의 개〉를 보시고 나서 특유의 경상도 사투리로, "니 왜 교수 사회를 그렇게 묘사

했노?" 그러시더군요. (웃음) 별로 마음에 안 드셨나 봐요. "아니에요 아버지. 그거 풍자죠" 그랬는데, 아버지 마음에 많이 드시지 않았나 봐요. 〈플란다스의 개〉는 교수 사회를 꼭 타깃 삼았다기보다는 기성세대 또는 잘 나가는, 그러한 시스템을 보여주려 했어요. 보통 나쁜 의미에서 어른이 된다는 게 있잖아요. 영원히 기성세대가 될 것 같지 않고 미숙한 상태로 남아 있는 배두나와 고수희 캐릭터가 나오고, 그와 상반되는 이미 타락했던 사람은 아니고 이성재 역시 나름 섬세하고 상처받을 법한 사람인데 어쩔 수 없이 결국은 그쪽에 흡수되는, 결국은 기성세대가 되는 그 모습이 교차되는 걸 보여주는 게 그 영화의 목표였죠. 강아지는 사실 영화 전체의 거대한 맥거핀, 어떻게 보면 주제적으로 일치되지 않는 도구였던 거죠.

전 〈플란다스의 개〉를 다시 보니 개를 좋아하는 사람들에게는 비판을 받을 수 있겠더라고요. 요즘 고양이, 개 등 반려견 키우는 사람들이 많잖아요?

봉 네. 그 영화에서 강아지들이 모진 꼴을 많이 당하죠. 그래 속죄하는 마음으로 〈옥자〉를 찍었죠. (웃음) 동물, 그 애니멀 리버레이션 프론트(Animal Liberation Front)들이 마구 나와서 활약하면서. 그리고 〈옥자〉에 나오는 동물들은 다 컴퓨터그래픽이에요. CG 돼지….

전 〈옥자〉를 〈플란다스의 개〉와 그런 식으로, 액면 그대로 연결 시켜도 되는 건가요?

봉 동물권에 대한 관심이 많아졌어요. 〈옥자〉는 〈플란다스의 개〉로부터 16, 17년 후 만들어졌는데요. 그 동안 동물 단체들하고 교류도 많이 있었고, 주변에 가까운 지인, 친척 중에 실제 미국 인도주의협회Humane Society와 관련된 사람도 있고 해서, 그쪽에 점점 관심이 커졌죠. 〈옥자〉는 몇몇 상을 받았는데, 그게 어떤 영화제에서 받은 게 아니라 오히려 다 무슨 인도주의협회나 동물 관련 NGO들, 가령 동물의 권리를 보호하기 위한 세계적인 동물보호단체인 PETA(People for the Ethical Treatment of Animals)같은 데에서 받은 거예요.

전 사실 칸에서 〈옥자〉를 보고 그동안 봐왔던 봉준호 영화의 진보가 아니라 후퇴한 것, 이라는 평가를 내렸었는데요. 절반의 성공, 절반의 실패라고. 넷플릭스 투자로 돈 걱정 안하고 재량껏 영화를 찍는 그런 좋은 경험, 그리고 외국의 좋은 배우들과 함께하는 굉장히 좋은 작업이지만 필모그래피 상으로는 별로 플러스되는 영화가 아닐 것, 이라고 진단했었죠. 그런 〈옥자〉의 절반의 성공, 절반의 실패가 이번에 〈기생충〉을 더 완숙하게 만드는 데 기여하지 않았을까 하는 생각도 해봤어요. 어떤가요?

봉 글쎄요. 잘 모르겠어요. 작품을 만드는 기간이 길게 겹쳐 있다 보니 이게 4번, 그 다음이 5번, 5번 다음이 6번…그렇게 딱딱 끊어지지 않고, 겹쳐져 있는 패스츄리처럼 쭉 이어져 있다 보니까 앞 작품의 경험이 이후 작품에 어떻게 녹아드는 지는 명확히 제 스스로 성찰하기는 쉽지 않은 것 같아요. 〈기생충〉도 2013년부터 사람들과 이야기하며 제작사랑 준비를 했던 것이니까요. 그런 건 있었어요. 저도 이제 외국이냐 한국이냐보다도, 〈옥자〉만 해도 제작비가 크잖아요. 제작비가 한국 돈으로 따지면 620억 정도 되는 규모였어요. 강원도 산골짜기에서부터 뉴욕 맨해튼 한복판까지 가는데, 실제 촬영 장소는 더 많아요. 뉴욕인 척하지만 사실은 밴쿠버 실내에서 찍은 것도 많거든요. 뉴욕은 한 번 촬영하는 돈이 워낙 세서, 뉴욕 얘기만 나오면 프로듀서들은 막 바들바들 떨 정도였어요. 영화 속은 뉴욕으로 표현되고 있지만 사실 뉴욕의 실내 신들을 밴쿠버와 서울에서 찍은 게 많거든요. 뉴욕의 길거리 장면만 실제 뉴욕에서 찍은 거예요. 그런 식의 물리적, 지리적으로 큰 스케일과, 〈옥자〉의 돼지 비주얼 이펙트, CG 돼지가 한 320 숏이 나오는데 그게 그냥 짜장면 주문하면 배달 오듯이 CG회사에서 알아서 해주는 게 아니거든요. 감독이 거기에 쏟아야 되는 엄청난 에너지가 있어요. 돼지 320 숏 속에 들어가는 저의 에너지와 영화 예산이 어마어마하거든요. 속되게 비유하자면 제이크 질렌할과 틸다 스윈튼 출연료를 합쳐봤자 CG 돼지에 들어간 비용의 반에 반도 안돼요. 〈기생충〉

에서는 그런 모든 게 없는 거잖아요. 부잣집 세트에서 영화 60%를 찍고 송강호 선배가 CG인 것도 아니고요. 그러니 얼마나 에너지가 집중되겠어요. 모래주머니 달고 산을 뛰다가 갑자기 그냥 그 모래주머니를 떼어버린 거예요. 외국이냐 한국이냐 문제가 중요한 게 아니라 620억짜리 비주얼 이펙트 영화를 찍다가 120억짜리 캐릭터 위주의 드라마를 찍었을 때, 돋보기로 종이를 불태울 때 초점이 딱 모이면 종이가 타잖아요. 초점이 딱 맞아지는 거죠. 종이에 불이 확 붙을 수 있게….

전 〈설국열차〉와 〈옥자〉로 이어지는 게, 물론 봉 감독 필모에서 중요한 영화기는 하지만 어떻게 보면 외도, 일탈로 보여져요. 예를 들면 김지운 감독 같은 경우는 〈라스트 스탠드〉(2013)가 전혀 자극이 못 된 케이스고, 박찬욱 감독도 〈스토커〉(2012)가 특별히 〈아가씨〉로 이어진다고 못 느꼈어요. 봉준호 감독의 〈기생충〉을 보면서는 그런 외유 내지는 외도·일탈의 경험이, 좀 전에 이야기했듯이 초점으로 모아졌던 거죠. 그동안은 비판적으로 봤다가 좋은 계기고 경험이었겠구나, 하는 생각이 들었어요.

공식적으로 준비하고 있는 규모가 작은 두 영화
"저는 카메라 한 대로 다 찍어요"

봉 그런 건 있어요. 제가 아까 공식적으로 준비하고 있는 게 두 가지 정도 있다고 했는데, 그 두 가지만 놓고 봤을 때 하나는 한국어 영화이고 다른 하나는 다시 또 미국 영화예요. 중요한 건 둘 다 규모가 되게 작다는 거죠. 규모가 큰 영화가 아니에요. 〈마더〉나 〈기생충〉 같은 사이즈 영화고, 저 스스로도 궁금한 게 미국 영화인데 〈설국열차〉나 〈옥자〉보다 훨씬 작은 영화거든요. 잉글리시 랭귀지 영화고 외국 배우들이 나오지만, 제게도 이제 그런 영어 영화가 세 번째고 또 규모가 작단 말이에요. 그럴 때 이제는 포커싱을 할 수 있고, 그게 어떻게 나올지 저도 궁금해요. 미국영화지만 규모가 되게 작기 때문에요.

전 이제 봉준호 감독이 앞으로 나아가야할 길을 제시했다고 봐요. 봉 감독은 규모에 흔들리는 게 아니라 본인이 잘 할 수 있는 것을 통해서 규모를 만들어내는 것이니까요. 대작이 주는 스트레스, 부담으로부터 자유로울 수 없거든요. 정말 자기가 잘할 수 있는 분야에서 큰 효과를 이끌어내는 거죠. 〈설국열차〉와 〈옥자〉라는 상대적으로 큰 규모의 영화를 해보면서 잘 할 수 있는 걸 찾은 거랄까요.

봉 미국의 1억 불짜리 영화를 하는 감독들을 관찰해봤을 때는 상대적으로 〈옥자〉나 〈설국열차〉도 그다지 큰 규모가 아니고 중간급 예산에서 약간 아래 정도일 텐데, 제 주관적인 입장에서는 굉장히 큰 영화인 거죠. 그런 대작들을 잘 다루는 체질의 감독들은 또 따로 있는 것 같아요. 좋다 나쁘다, 를 판단하는 게 아니고 스타일이 있는 거죠. 피터 잭슨을 보면 〈반지의 제왕〉 찍을 때, 제일 많을 땐 심지어 유닛이 7개가 돌아가거든요. 어떤 신은 세컨드 유닛한테 찍어 오라고 하고 자기는 또 여기서 찍고. 뉴질랜드에서 막 흩어져서 찍고 있는 거예요. 피터 잭슨은 제일 감정적인 신에 집중하고 다른 유닛이 찍어온 걸 가지고 자기가 조합하고 그런 건데, 그것도 그것대로 훌륭하지만 저는 그런 스타일의 작업은 못하는 거죠. 미세한 어떤 영화를 현미경으로 찍는 것처럼 그렇게 해야 직성이 풀리는 성격이기 때문이죠. 그건 아마도 성격적인 문제인 것 같아요. 단한 숏이라도 누가 어디 가서 어떻게 해오는 게 싫은 거예요. 그러고 싶지도 않고. 카메라 한 대, 저는 AD 카메라도 싫어요. 저는 카메라 하나로 다 찍거든요. 저나 홍경표 감독이나 그런 체질이에요. 카메라 세 대 돌리고 이런 거 너무 싫은 거예요. 그래서 처음부터 '하나로 다 찍자!', 그런 거예요. 〈기생충〉에서도 카메라 한 대로, 무슨 작은 인서트 하나라도 둘이서 들러붙어 꼬장꼬장하게 찍는 게 제일 속 편하거든요.

전 나는 "영화는 살아있는 유기체"라는 말을 늘 하는데, 어느 단계가 되면 영화가 꿈틀거리고 생동하는 게 보이거든요. 영화 속 인물들을 단순히 피사체로 보는 것이 아니고 그 인물, 그 피사체를 살아 있는 인물이라고 보면 각각의 인물들은 주조연이건 단역이건, 비중이 크건 작건 모두 애정을 갖고 찍어야 해요. 많은 경우 그런 걸 포기해요. 그런데 이번 〈기생충〉은 죽어 있는 순간을 찾을 수 없었다는 점에서 개인적으로 흠 잡기가 어렵더군요. 봉 감독이 제일 잘 할 수 있는 걸 〈기생충〉에서 이뤄낸 게 아닌가라는 생각을 하는 거죠. 어리석은 질문일 수 있는데, 다 자기 자식이라 좋아하겠지만 감독으로서의 만족도 측면에서 이번 황금종려상을 받은 〈기생충〉이 가장 만족스러운가요? 아니면 다른 영화 중 만족도가 더 높은 것이 있나요? 단편은 빼고 〈플란다스의 개〉부터 〈기생충〉까지 일곱 편의 장편에서만 이야기해보죠.

"저는 아홉 번째 영화가 되게 좋을 것 같아요"

봉 저는 아홉 번째 영화가 되게 좋을 것 같아요. 제 머릿속에서 몇 년째 굴러가고 있으니까요. 지금 두 개를 준비하고 있는데, 아홉 번째 영화가 상당히 기대됩니다. 꽤 오랜 시간 머릿속에서 숙성시켜 온 거라…

전 아홉 번째 영화의 정체를 알려면 얼마나 기다려야 하나요?

봉 한 2024년쯤? (웃음)

전 지금 봉 감독의 페이스로 보면 앞으로 10년 동안 한 세 편 정도? 세 편에서 많으면 네 편 정도? 보통 그래왔으니까요.

봉 2~3년에 하나씩 하니까요.

전 지난번 인터뷰도 그랬는데, 그러면 〈기생충〉에 만족하지 않고 봉준호 감독만이 만들어낼 수 있는 또 다른 영화적 맛을 기대해 봐도 괜찮은 거겠죠?

봉 어휴, 뭐 모든 게 불안하죠. 항상 불안한데, 감독들이 대부분 그럴 것 같아요. 만족하거나 그런 작품은 당연히 들 없을 텐데. 직접 찍는 입장에서는 여러 가지 사연들이 있잖아요. "만족한다", 또는 "자랑스럽다"라고 할 장면들은 있죠. 그런 걸 부분적으로는 이야기할 수 있는데 전체 영화를 놓고 봤을 때는 아마 구로사와 아키라나 스탠리 큐브릭을 앉혀놔도 아마 그다지 만족한다는 이야기는 안 할 것 같아요. 돌아가신 분들이지만요. 그날이 오면 대단하겠죠. 잉마르 베리만은 어땠을까요. 그 분은 자기가 어나운스를 했잖아요. "이 영화가 대작이야. 〈화니와 알렉산더〉. 이 이야기는 내 이야기야"라고. 누가 봐도 자전적인 이야기이잖아요. 자기 영화와 자기 인생을 그냥 총체적으로 정리하고 깨끗하게 끝냈잖아요. 그 뒤로 TV 영화를 잠깐 한 번 했지만 그 분은 원래 자기의 고향이 연극이라고 생각하시는 분이니까. 2018년이 그 분 탄생 100주년인가 그랬어요. 그때 엄청난 블루레이 박스 세트가 나왔어요. 저는 지름신이 강림하면서 그걸 사야 되나 말아야 되나 고민했어요. 이미 그동안 사 놓은 DVD, 블루레이가 있으니까 50% 이상 겹친단 말이에요. 그래 살까 말까 하다가 어느 사이트에 싸게 올라와 있어서 샀어요. 요즘 보고 있는데, 자기의 인생과 필모그래피를 그 정도까지 완성도 있게 만든 감독도 드물어요. 〈화니와 알렉산더〉를 보면 정말 대단하잖아요. 자기 인생의 마지막에 그런 영화를 찍으면, 그 정도면 만족하지 않을까요? 〈화니와 알렉산더〉를 베리만 스스로가 얘기한 인터뷰를 찾아보진 못했는데, 그 정도 되는 분이 그 정도 마지막 작품을 찍으면 정말 후회 없지 않을까요?

전 봉 감독은 그렇게 생각할지 모르지만 〈화니와 알렉산더〉가 베리만 최고작이라고 평하기에는 그렇지 않나요?

봉 최고작은 아니지만, 마지막 작품으로서 걸맞지 않나요?

전 우리가 역량으로부터 자유로울 수 없다고 봤을 때, 봉 감독이 늘 언급하는 감독이 프랑스의 앙리-조르주 클루조죠. 클루조 감독은 프랑스에서는 장 르누아르라든지 로베르 브레송 두 분이 워낙 거물이라 상대적으로, 마치 통속작가 혹은 B급처럼 거론되어왔고요. 그리고 이번 인터뷰 때 클로드 샤브롤에 대해 이야기했는데 뉴웨이브의 다섯 감독 중에서는 가장 저평가되는 감독이죠. 두 명장의 공통점이 상대적으로 플롯과 캐릭터가 강하다는 거죠.

봉 걸작 범죄영화를 많이 만드신 분들이죠. 제가 워낙 범죄물을 좋아해서요.

전 지난번 〈설국열차〉 인터뷰 때는 비토리오 데시카, 샘 페킨파도 거론했는데, 만약 한두 명만 꼽는다면 최근 인터뷰에서 말한 앙리-조르주 클루조고, 클로드 샤브롤 그 두 감독이 가장 결정적인 레퍼런스가 된 감독일까요?

"저의 멘토는 히치콕과 김기영 감독님"

봉 사실 브라이언 드 팔마도 좋아하고 그랬는데, 결국 그 정점에 있는 건 히치콕이잖아요. 샤브롤도 히치콕을 평생 오마주한 거잖아요. 너무 거친 요약이라 좀 실례긴 하지만요. 인터뷰를 할 때마다 샤브롤의 특정 시기의 범죄 영화를 좋아한다고 이야기 하는데요. 샤브롤의 필모그래피 전체라기보다는 〈피의 결혼식〉이라든가 〈야수는 죽어야 한다〉, 그리고 이자벨 위페르가 주연한 〈의식〉이 〈기생충〉과 연결 지점이 있는 영화죠. 굳이 저의 멘토를 따진다면 히치콕과 김기영 감독님, 이렇게 압축할 수 있을 것 같아요. 김기영 감독님도 워낙 개성이 강하셔서, 그분은 그냥 '김기영 장르'잖아요. 억지로 표피적인 장르를 씌운다면 범죄물을 많이 하신 거잖아요. 〈하녀〉나 〈충녀〉 같은 것도 그렇고요. 그래서 히치콕과 김기영, 그 다음에 이마무라 쇼헤이. 영원히, 항상 저의 근처를 아른거린 건 역시 어릴 때부터 봐온 히치콕인 것 같아요. 정말 어렸을 때부터 봤거든요. 초등학교 저학년, 아주 어렸을 때 히치콕의 〈싸이코〉를 보며 매혹되었죠. 그 당시에는 영화를 반복해서 볼 수 없는 환경이었잖아요. 비디오도 없었고 인터넷도 없었기 때문에 되게 잔상이 오래 갔었죠. 앙리-조르주 클루조의 〈공포의 보수〉도 초등학교 2학년 때인가 3학년 때 TV에서 보고 완전히 압도되었죠. 상 받을 때 클루조랑 샤브롤을 말했던 건 제 앞에서 시상하신 분이 엄청 불어를 연습해와서 이야기하시더라고요. 그런데 저는 불어를 하나도 모르거든요. 고맙다는 말 Merci 하나밖에 모르거든요. 상을 받았으니까 예의상 불어를 한번 해야 하는데 할 줄 아는 게 없는 거예요. 좋다 불어는 못 하지만 그래도 프랑스 영화를 잘 아니까, 그게 거짓말도 아니고 좋아하는 감독이니까 이야기했죠. 제게 영향을 준 프랑스 감독님을 언급함으로써 불어에 대한 나의 무지를 잠시 무마하고 넘어가자, 그런 거였어요. 그 두 분 다 제가 좋아했던 감독님이지만 굳이 따지자면 히치콕과 김기영 감독님이 저에게는 더 큰 것 같아요.

전 네, 그래요. 이 인터뷰 전문은 봉 감독 단행본에 들어가게 될 거예요. 가끔 보면 '봉테일'이라는 표현은 썩 좋아하지 않는다고 들었는데, 쓰는 거에 대해 불쾌한 건 아니고 안 쓰면 좋다는 의미인 건지요?

봉 네, 이왕이면 안 쓰시면 좋죠. 너무 지겹지 않을까요? 모두들 지겨울 것 같아요.

한국 영화 100주년에 바라는 것은
"한국영화가 조금 더 미래적으로 나아갈 수 있으면 좋겠어요"

전 한국 영화사 2000년대 최고 대표작으로 꼽히는 〈살인의 추억〉은 거의 언급을 안 했는데, 그건 워낙 많이 언급이 됐으니 굳이 이야기할 필요가 없을 것 같아요. 올해 한국영화 100주년과 연관해서 《스포츠 동아》에서 〈살인의 추억〉이 역대 최고작으로 뽑히면서 또 이야기가 나오기도 했고요. 어떤가요? 한국영화 100주년에서 이런 건 좀 조명을 하거나 한번 좀 짚어주면 좋겠다, 하는 게 있습니까?

봉 칸에서는 제가 계속 언급을 하고 싶더라고요. 아무래도 사람들이 잘 모르니까요. 100주년이나 된 지도 모르고 해외에서 널리 알려진 감독들이 홍상수, 박찬욱, 김기덕 감독님들부터니까, 그전의 역사에 대해서는 상대적으로 모르잖아요. 한국영화 역사가 얼마나 되는지 아직 서구인들은 많이 모르니까, 그래 일부러 제가 더 이야기를 했어요. 심사위원들도 잘 모르고 기자회견을 해도 모르니까요. 우리가 갑자기 어느 날 나타나 상을 받는 게 아니라는 걸요. 김기영 감독님 〈하녀〉 이야기도 했어요. 〈하녀〉 정도는 평론가, 기자들이 어렴풋이 알아요. 그래서 마틴 스코세이지가 칸에서 소개한 〈하녀〉의 김기영 감독님을 내가 되게 좋아하는데 그 영화도 계단이 나오는 영화고 〈기생충〉도 그런 맥락이 있다, 라고 일부러 친절하게 설명을 했어요. 그네들이 워낙 모르니까요, 한국영화에 대해서는. 홍상수, 박찬욱, 김기덕 감독이 갑자기 짠하고 나타난 게 아니고 우리도 역사가 있고 너희가 이제 시네마테크나 이런 곳에서 회고전을 해야 한다는 식으로 은근히 강압적으로, 지속적으로 이야기를 했어요. 알리려고 이야기를 한 거고, 외부에서의 이야기죠. 한국 내부에서는 100주년 관련된 모든 행사들이 물론 '베스트 10' 뽑고 이런 것도 좋은 거지만 더 미래적으로 많이 했으면 좋겠어요. 미래 100년이 어떻게 될 것이냐. 지금 우리 주변에서도 단편영화를 찍고 있고, 아무도 모르는 골방에서 열심히 시나리오 쓰고 있을 텐데, 그들을 우리가 어떻게 영화 산업 안으로 맞아들일 것인가. 이후 100년을 감당할 재능들이 분명 있는데 현재 우리 영화 산업이 그들을 맞이할 준비가 됐는지 조금 더 미래적으로 나아갈 수 있게 했으면 좋겠어요. 한국 내 관점에서는요. 그런데 외국에서는 더 김기영, 유현목, 김수용 이런 분들의 회고전을 100주년 평계로 더 하고 그랬으면 좋겠어요.

전 네. 저도 비슷한 생각을 하고 있습니다. 정해진 시간이 다 되었네요. 오늘 칸국제영화제 황금종려상을 수상한 봉준호 감독을 만나 봉 감독의 영화세계에 대해 깊이 들어볼 수 있어 의미 있는 시간이었습니다. 바쁜 일정에도 인터뷰에 응해주셔서 감사합니다.

틀을 깨고 밖으로 나가 버리는,
송강호 캐릭터의 비전이 진정한 비전

일시 2014년 3월 1일 **장소** 방배동 '까페 드 유중'
인터뷰 임진모 + 전찬일
인터뷰 정리 윤은지 **인터뷰 구성작성** 전찬일
사진 박영민(쿨투라 기자)

인터뷰에 들어가며

봉준호 감독의 〈설국열차〉는 전국 930여만 명(이하 영화진흥위원회 통합전산망 참고)을 동원하며, 1,280여만 명의 〈7번방의 선물〉(이환경)에 이어 2013년 종합 흥행 순위 2위에 올랐다. 예상했던 1천만 고지는 넘진 못했어도, 주목할 만한 대성공이었다. 비평적으로도 그 못잖은 성과를 일궈 냈다. '오늘의 영화' 외에도 2013 부일영화상, 영평상 등 숱한 영화상 최고 명예를 거머쥐었다. 명실상부한 '2013년의 한국 영화'로 우뚝 선 것. 〈마더〉는 말할 것 없고 〈살인의 추억〉, 〈괴물〉 등 감독의 기록적 전작들을 능가하는 기념비적 성취였다. 인터뷰어인 내게도 마찬가지. 대중음악 평론가 임진모가 운영하는 사이트《www.izm.co.kr》의 고정 면 '영화평론가 전찬일의 문화탐방'에 발표한 2013년 한국 영화 베스트10(〈설국열차〉에서 〈명왕성〉까지…'나만의 한국 영화 10선')에서 영화를 정상에 올렸다. 단적으로 "예술과 상업 사이의 균형을 추구하며 작가적 주제를 잘 표현한 수작"이라는 판단에서였다.

그러나 "〈설국열차〉가 받으리라고 예상되던 2013 칸영화제 초청이 불발"—이것이 오해라는 것은 봉 감독의 입을 통해서 명백히 밝혀진다—되면서, 그에 앞서 "공동 투자자로 예정돼 있던 미국 측과 프랑스 측이 투자를 철회하기로 결정하고 400억 원이 넘은 전 제작비를 CJ엔터테인먼트가 단독으로 감당하지 않을 수 없게 됐다는, 그때 만약 영화가 흥행에서 참패를 하게 되면 국내 최대 영화 투자사가 문을 닫아야 할지도 모른다는 등의 소식을 접하면서……" 영화의 위와 같은 성공을 예측하기란 사실상 무리였다.

이즘 등에 밝혔듯 "시사회를 통해 첫 선을 보인 영화의 수준이나 재미 등은 기대 이상이었다. 아니 '2013년의 영화'로서 손색없었다. '역시 봉준호!'였다. 시사회에서 영화를 보고 나서, 별 다섯 개 만점에 4개 반을 부여하며 '예술과 상업 사이의 균형을 추구하며 작가적 주제를 잘 표현한 수작. 이 시대에 꼭 필요한 희망이라는 메시지를 담았다'고 평한 것도 그 때문이었다.

이 인터뷰는 지난 3·1절 오전 11시 10분경부터 2시간 반 가량, 봉 감독이 사는 방배동의 한 카페 '까페 드 유중'에서 진행됐다. 인터뷰 일부는, 인터뷰를 정리한 윤은지에 의해 음악 중심으로 작성돼, 임진모가 운영하는 음악 전문 사이트《이즘》등에 게재됐다. 윤은지 인터뷰는 내 인터뷰에 적잖이 반영됐다. 어느 대목들은 적절히 손을 본 뒤, 또 다른 대목들은 거의 그대로. 윤은지의 정리가 없었다면 따라서 내 인터뷰는 작성 불가능했거나, 훨씬 더 많은 시간이 요청됐을 것이다. 사진은《쿨투라》박영민 기자가 찍었다.

4년만의 인터뷰…〈마더〉 이어 '오늘의 영화' 최우수 한국영화 선정 기뻐

전찬일(이하 전) 4년 만의 인터뷰—그때의 인터뷰는 인터뷰이나 인터뷰어 둘 다 외국에 체류하고 있어 인터뷰이가 녹음해 보내온 파일을 풀어 완성했다―다. 4년 전『2010 '작가'가 선정한 오늘의 영화』한국 영화 최고작으로 〈마더〉가 선정됐는데, 4년 지나 〈설국열차〉가 또 다시 선정됐다. 4년 전 인터뷰 말미에 다음의 질문을 했었다. "미국에 있다고 들었는데 차기작 〈설국열차〉 준비 차인가? 어떤 영화인지 간단히 소개해 달라."라고. 당시 답변과 현재의 결과물이 어느 정도 부합했다고 보나?

봉준호(이하 봉) 여러 모로 힘든 게 많은 영화여서 무사히 완성했다는 게 기쁘다. 또 이렇게 〈마더〉에 이어 〈설국열차〉가 또 한 번 '작가' 선정 오늘의 영화에 뽑혀서 기쁘다. 어려운 고비도 많았다. 4년이 걸렸다는 게 속상하기도 하다. 그 전에는 3년 꼴로 한 편씩 만들었는데……. 왜 1년이 더 걸렸을까 생각해 보니, 촬영 기간은 〈살인의 추억〉이나 〈마더〉보다 짧았지만 사전 준비 기간이 더 길었기 때문이었다. 시나리오 각색 과정에서 내가 쓴 것을 미국 작가와 같이 작업하다 보니 거기서 5, 6개월 시간이 더 걸렸다. 앞으로는 2년에 한 편씩 영화 찍는 감독이 되고 싶다. 애 엄마도 빨리 시나리오 쓰라고 하고, 애도 대학에 가야하고…(웃음).

전 그거 아주 반가운 소식이다. 장편 데뷔 이후 13년여 간 5편은 과작이다. 워낙 꼼꼼하고 시나리오 작업에서 유난히 시간을 많이 할애하는 감독이어서 그런 걸 텐데, 개인적으로는 지난 2011년 미국 오렌지카운티 소재 채프먼 대학에서 열린 제2회 부산웨스트 영화제 마스터 클래스에서 들었던 한 대목이 아직도 강렬히 기억되고 있다. 각본을 쓸 때는 스트레스를 하도 받아 옆에 누군가 있으면 칼로 쑤시고 싶은 충동이 일기도 한다고 했다. 그때, 그런 산고를 겪으니 과작일 수밖에 없지, 라고 생각했다.

봉 그랬나요? 사람을 죽이고 싶다곤 하지 않았던 것 같은데… (웃음).

전 4년 지나 또 다시 오늘의 영화 최고작으로 선정된 것도 그렇고, 이래저래 기분 좋은 인터뷰다. 4년 전 염려와 고생이 나름 큰 성공을 거뒀다. 뿐만 아니다. 최근 한국영상자료원이 2012년 12월 31일까지 극장에서 선보인 그 간의 한국 영화를 대상으로 '한국 영화 100선'을 발표했는데, 톱10에, 정확하게는 동수의 득표에 따라 상위 10위 안에 든 총 12편 가운데 2000년 대 이후 것은 〈살인의 추억〉이 유일했다. 그 12편 외에는 구체적 순위가 밝혀지진 않았으나, 〈괴물〉과 〈마더〉도 100선 안에 포함돼 있다. 〈설국열차〉는 2013년 개봉작이라 해당되지 않으니 그렇고, 결국 봉 감독이 연출한 4편 중 데뷔작 〈플란다스의 개〉(2000)를 빼고는 모두 그 100선 안에 진입한 것이다. 실로 대단한 성취다. 그래서다, 2013년을 돌이켜보면 배우 송강호와 감독 봉준호의 해로 정리될 수 있을 거 같다고 여기는 것은. 〈설국열차〉는 본인이 생각한 만큼의 흥행을 했다고 보나. 주지하다시피 송강호는 〈설국열차〉를 위시해 한재림 감독의 〈관상〉으로 910여만 명을, 한국영화 사상 9번째로 1천만 고지를 돌파한 〈변호인〉(양우석 감독)으로 1,130여만 명을 불러 모아 고작 6개월 만에 3,000만 명에 달하는 관객을 유인하는 '괴력'을 발휘했다.

봉 "2013년은 단연 송강호의 해"라고 할 수 있을 것이다. 나는 겨우 위기를 모면했구나, 하는 마음이다. 말이 400억 원이지 일반적인 한국 영화 10편을 만들 수 있는 거액의 제작비를 소진시켜 버린 건데, 잘 안 되면 나 하나 데미지를 입는 게 아니라 한국 영화계 전체에 민폐를 끼치는 거였으니까. 다행히 그렇게 되지 않았다. 해외에도 많이 팔렸고, 해외에서 돈이 들어오면 곧 손익분기점을 넘긴다고 하니, "휴, 위기는 모면했구나. 큰 민폐는 없이 넘어 갔구나", 싶다.

전 1천만 명을 넘진 못했어도 900만 명을 넘었으니, 흥행도 잘 됐다고 할 수 있다. 비평적 평가에서도 2013년의 베스트 한국영화로 꼽혔고, 2014년에도 계속 이어질 전망이다. 〈살인의 추억〉처럼 흥행과 비평 두 마리 토끼를 잡은 거다. 위 한국영화 100선에 나타난 평가에 대해서는 어떻게 생각하는가?

봉 나야 좋지 않겠는가(웃음). 〈살인의 추억〉은 서른세 살 때인가 찍었다. 벌써 10년이 더 지났다. 그때는 젊었던 거 같다(웃음).

전 〈살인의 추억〉이 그렇게 높은 평가를 받는 이유는 뭐라고 생각하나?

봉 글쎄, 개봉 당시에는 리뷰가 안 좋게 나온 경우도 있었다. 내 기억으로는 《씨네21》에서도 별 두 개 반과 4개 등이 뒤섞여 있었다. 외국에서도 그렇고, 내 영화는 개봉 시점부터 시간이 지날수록 투표 인원이 많아질수록, 더 좋은 평가를 받는 것 같다. 영화제 같은 데는 단기 승부라, 적은 수의 심사위원이 일주일 내에 뽑아야 하는 그런 영화제에서는 좋은 평가를 받지 못했다. 하지만 미국 개봉 후 보스턴이나 샌프란시스코 같은 곳에서 평론가협회상을 받기도 했다. 오늘의 영화상 수상도 그렇지 않나?

전 〈살인의 추억〉은 내게도 2000년 대 이후 최고의 한국영화다. 지난 2010년 2월 《이즘》에 발표한 "2000년대 한국 영화 베스트10"에서도 1위로 뽑았다. 재미 삼아 나머지 영화들을 밝히면 2위 〈올드보이〉 박찬욱, 3위 〈망종〉 장률, 4위 〈복수는 나의 것〉 박찬욱, 5위 〈형사 Duelist〉 이명세, 6위 〈비열한 거리〉 유하, 7위 〈반칙왕〉 김지운, 8위 〈영화는 영화다〉 장훈, 9위 〈오아시스〉 이창동, 10위 〈잘 알지도 못하면서〉 홍상수였다. 그로부터 4년여가 지난 이 시점에서 위 순위는 어떻게 될까? 이창동 감독 〈시〉 등이 그 목록 안에 포함될 공산이 크다. 당연히 한두 편의 영화는 밀려날 테고….

목하 내게 영화를 평가하는 기준에서 가장 중요한 것이 시대성의 문제다. 영화가 시대를 일깨우는 기호로써 다른 어떤 기준보다 중요하게 작용하는 것이 아닌가 하는 생각을 한다. 4년 전 인터뷰에서 봉 감독은 사회학을 전공했으나 사회학은 전혀 모른다고 말했어도, 사회학을 전공했다는 것이 영화 저변에 깔려 있는 것 같다. 개인에서 출발하되 그 개인이 사회와 무관한 게 아니라, 사회 속에 명확하게 위치한다. 그렇게 볼 때, 시대나 사회를 보는 건 떨어져 봐야 보이는 거니까 시간이 지날수록 봉 감독 영화들이 더 좋은 평가를 받는 게 아닌가 싶다.

봉 시대적인 메시지를 외치려고 그러진 않는데, 저절로 그렇게 되는 측면은 있는 것 같다. 로맨틱 코미디 영화를 보는 것도 좋아하는데 보고 나면 영화가 끝날 때쯤 이상한 의문이 들곤 한다. 모든 남녀 주인공들이나 조연들이 사는 덴 문제가 없나 보네?, 라는 점이다(웃음). 일단 직장이나 먹고사는 데는 전혀 문제가 없는 상태에서 남녀의 문제가 부각된다. 남자가 여자를 떠날 것인지 여자가 남자를 떠날 것인지 어떻게 다시 만날 것인지 등등에 대해. 한데 실제 삶은 그렇지 않다. 며칠 전에도 세 모녀가 동반 자살을 했다. 그 분들은 공과금을 꼬박꼬박 잘 내서 구청에서도 그 분들이 힘들 게 사는 줄은 모르고 있었단다. 엄마가 식당에서 일하다 팔에 골절이 생겼다고 했다. 중·상류층에서 팔 골절된 것과 그런 분들이 팔 골절된 것은 의미가 달라도 너무 다르다. 그래서 그런 비극으로 가기 시작한 건데, 그런 걸 로맨틱 코미디는 다 지워 버린다. 일단은 다 괜찮다. 직장도 유지되고 있고. 하지만 실은 안 그렇다. 계약직 수도 엄청 많다. 메시지를 외치는 영화를 찍고 싶지는 않은데, 그런 게 완전히 지워져 있으면 오히려 이상한 공상과학 영화처럼 느껴진다.

임진모(이하 임) 〈러브 액츄얼리〉 같은 영화는 어떤가?

봉 그 영화, 재밌다. 정말 좋아하는 영화다. 〈러브 액츄얼리〉 같은 영화는 되게 노련하다. 씁쓸한 면들도 있다. 여자 캐릭터를 보면 남들은 크리스마스를 다 연인과 즐기는데 몸이 아픈…. 그런 씁쓸한 요소들을 절묘하게 끼워 넣었다. 영화 전체가 느끼해지는 걸 막기 위해서다. 그런 게 영화의 격을 높여 주기도 한다. 하나 전반적으로는 그 영화도 전제는 일단 사는 덴 문제가 없다는 것이다. 그 상태에서 뭘 한다. 그런 게 재밌기는 하다. 연애만큼 재밌는 게 어디 있겠는가? 정말 재미있게 보는데, 끝날 때쯤 되면 이상한 사이

파이Sci-fi 영화처럼 느껴지는 것은 마찬가지다.

임진모 선배의 질문은 이것이 처음은 아니다. 사실 인터뷰 초반 3, 40분가량은 음악 위주로 임진모가 주도했다. 두 사람의 질문과 답변의 주고받음이 마치 재즈의 즉흥적 리듬처럼 유려했다. 그 유려한 리듬으로 이 인터뷰를 열까도 싶었다. 하지만 인터뷰의 균형상, 그러지 않는 게 좋겠다고 결론지었다. 대신 그 유려함을 인터뷰 말미로 미루기로 했다. 그게 더 자연스러워 보이니까.

임 메시지를 전면에 드러내지 않고 들키지 않는 수준에서 녹여 낸다는 건데, 그것을 시나리오를 선택할 때 하나 시나리오 작업을 하면서 녹여 내나?

봉 저울질하면서 쓰진 않는다. 충동에 이끌려서 스스로 재미있다고 느끼는 걸 꾸준히 쫓아가며 쓰다 보니 결과적으로 그렇게 보여주게 되는 거 같다. 〈괴물〉처럼 미국에 대한 이야기를 직접 전달할 때도 있고, 〈마더〉처럼 엄마와 아들의 관계에 포커스를 맞출 수도 있다. 〈괴물〉에는 레이어들Layers(층위들)이 많다. 가족을 둘러싼 여러 가지 겹들이. 다 장단점이 있다.

임 영화 관객의 입장에서 봉 감독 영화들은 신경 써서 보게 된다. 〈마더〉의 경우 내 결론은, 광기의 세상에 대한 이야기를 하고 싶어 한다는 거였다.

봉 그런 것도 있다. 광기나 욕정이라든가, 해소되지 않는 것들. 그런데 영화 배후에 뭔가 다른 게 숨겨져 있다고 관객이나 네티즌들이 너무 많이 생각하는 것 같다. 사실 보이는 게 중요하다. 뭘 보고 있는지, 카메라가 어떻게 움직이고 있는지 그런 것들이 중요한 건데 내가 무슨 퍼즐 놀이를 하는 것처럼 그렇게 오해받는 게 안타깝다.

임 〈마더〉에서 처음과 마지막 김혜자의 댄스는 뭘 의미하나?

봉 그냥 춤을 춘 것이다. 왜 '미친년 널뛴다', 그러지 않나. 미친 거다. 오프닝 시퀀스에서 우선, 이 여자 미쳤다, 주변에 아무도 없다, 왜 이지경이 됐는지 우리 한번 봅시다, 하고 영화가 시작하는 거다. 할아버지를 죽이고 나와서 보게 된 들판, 거기서 춤을 추고 있는 거 아닌가. 어떻게 보면 그 앞까지는 플래시백이라 할 수 있다. 들판에 들어와 현재 시점이라 볼 수도 있고….

임 신성한 말인데 가장 더럽혀진 언어가 '사랑'과 '엄마' 아닐까.

봉 한국에서는 특히 엄마란 말이 그렇다. 예전에 〈우정의 무대〉를 보면 엄마를 불러와 울고, 굉장히 절대적이다. 엄마와 아들 관계가 절대화된다. 되게 숭고하게. 물론 숭고할 수 있다. 하지만 지나치게 강박적이다.

〈설국열차〉, 가장 노골적으로 시스템에 대한 이야길 했던 것 같아

전 이제 본격적으로 〈설국열차〉 이야기로 넘어가자. 〈설국열차〉 예산은 애초 예정대로 간 건가 하면서 늘어난 건가?

봉 예산대로 맞췄다. 예산과 일정을 맞췄다. 〈살인의 추억〉 때 3, 4억 원 정도 초과해 전체 35억 원인가 들었는데, 내 영화는 다들 예산 오차 범위 10% 이내였다고 하더라.

전 〈설국열차〉를 둘러싸고 크고 작은 걱정이 많았다. 많은 이들이 칸영화제에 갈 거라 기대했는데 못 갔다. 그런데 CJ엔터테인먼트에서는 출품을 안 했다고, 공식 발표를 해 혼란이 있었다. 어떻게 된 건가? 칸에 못 간 것인가, CJ 발표처럼 출품을 하지 않은 것인가?

봉 출품을 했으면 좋겠다고 요청이 오긴 했었다. 한데 작업이 마무리되지 않았다. 베니스와 토론토에서도 요청이 왔었다. 그때는 영화가 완성돼 있었지만, 미국 측 배급사인 와인스타인의 미라맥스 측과 얽혀 복잡했다. 그들은 20분가량 잘라내, 자기네들 편집본을 고집했다. 베니스, 로카르노 등에서 연락이 왔었는데 개봉된 영화를 본 상태였다. 지나고 나서 하는 말이지만 베니스, 로카르노에서는 영화를 초청하고 싶어 했는데, 또 미라맥스 측에서 못 가게 막았다. 그때 계속 편집 때문에 옥신각신하던 때였는데, 지금은 그 문제가 다 해결—결국 미국에서도 국내 상영 때와 같은 버전으로 개봉하기로 했다. www.imdb.com에 따르면 개봉 미국 개봉은 오는 6월로 예정돼 있다—됐지만, 영화제 관련해서는 많이 속상했다. 칸은 내가 시간을 못 맞춰 못 간 것이다. 소문만 무성했지….

전 그런데 왜 영화를 출품했지만 칸이 선정하지 않았다는 말이 돈 것인가?

봉 그건 아마 CJ 측에서 개막작으로 하고 싶었는데, 그때 이미 〈위대한 개츠비〉(바즈 루어만 감독)로 내정된 상태여서 불발됐기 때문이었을 거다. 완성 시점을 맞춰 보내고 싶었지만 내 입장에서는 컴퓨터 그래픽을 칸 개막인 5월 중순까지 끝낼 자신이 없었다. 따라서 칸 개막작으로 리젝트 당한 것은 맞다. 나중에 4월말 5월 초에, 칸 쪽에서 영화를 초청하고 싶어 하긴 했다. 그래 정중하게, 고

마운데 지금 사운드가 완벽하게 끝났지 않았다, 날짜를 맞출 자신이 없다, 관심 가져 줘 고맙다고 답장을 했다.

전 프랑스와 미국에서 공동 투자를 하기로 했는데 그들이 투자를 철회하기로 하면서 CJ가 단독 투자하게 됐고, 그러면서 영화가 엎어지는 게 아니냐는 등 흉흉한 소문이 무성했다. 그러다 영화가 선보이면서 분위기가 반전됐다.

봉 나야 객지 생활하며 영화 찍고 있어서 한국에서 어떤 말이 도는지 전혀 몰랐다. 촬영이 중단되거나 딜레이된 적은 한 번도 없었다. 제작사 오퍼스픽처스의 이태헌 대표도 그런 부분은 억울할 거다. 감독이나 스태프들이 일을 할 수 있게 편안하게 해 주는 게 제작자 임무인데, 그런 점에서 놓친 지점이 하나도 없었다. 우리 입장에서는 되게 순탄하게 흘러가 순조롭게 끝난 거였다. 윌포드 역에드 해리스도 정말 평화로운 프로덕션이었다고 그랬다. 대부분 세트 안에서 찍었으니까, 로케이션 관련 변수도 없었다. 우리로서는 차근차근 찍어 일정 안에 끝낸 것이다.

전 텍스트 안으로 들어가 다국적 배우들을 썼고, 그런 점에서 어려운 점이 있었을 거 같다. 영화를 찍으면서 제일 어려웠던 점이나 신경 쓰였던 부분은 무엇이었나?

봉 스태프들과 배우의 국적이나 언어 문제는 어려운 게 없었다. 좋은 통역들이 있었다. 옴니버스 영화 〈도쿄!〉의 한 파트인 '흔들리는 도쿄Shaking Tokyo'를 찍을 때도 30분짜리였지만 100% 일본 배우였다. 일본어는 영어보다 더 모르는 영역이었다. 그 작업 당시 걱정도 되고, 일본어 대사를 듣고 내가 어떻게 오케이나 엔지 사인을 내려야 하지?, 물론 통역을 해준다 하지만 그 느낌을 내가 제대로 알 수 있을까?, 했는데 막상 해 보니까 쉽더라. 〈괴물〉 때도 큰 역할은 아니었지만 오프닝과 중간에, 스콧 윌슨이라는 1960년대 주연급 배우였던 외국 배우가 나온다. 〈괴물〉 때 호주랑 미국 컴퓨터그래픽과 특수 효과 업체 사람들과 현장에서 일을 같이 하기도 했다. 그런 경험들이 쌓여 있어서 〈설국열차〉 때는 스태프 90%가 미국인, 영국인, 체코인으로 뒤섞여 있었지만 낯설거나 이상하거나 어렵지는 않았다. 영화 만드는 메커니즘은 다 비슷하다. 딱 하나 차이가 있다면 스케줄에 대한 인식이 다르다는 거다. 한국은 마음에 안 들면 몇 번이고 더 찍을 수 있는데 거기서는 스케줄을 신주단지 모시듯 무조건 지켜야 한다. 배우를 좀만 더 붙잡으려면 배우 쪽 변호사와 프로덕션 변호사끼리 서로 싸우고 서류가 오가고 그랬다. 한국에서는 송강호 선배한테 전화해 "형, 이 부분 좀 이상하지 않아요?" 그러면, "예. 더 찍어야 해요!"(웃음) 하고 더 찍으면 된다. 아무런 상관없다(웃음). 하지만 그쪽에서는 가령 틸다 스윈튼과 그런 말을 하려면 변호사랑 상의해야 한다. 연출자 입장에서 "내

일 시간 있죠?", 그런 게 안 된다. 그렇게 시간에 쫓기는 게 힘들었다. 또 조합 규정, 배우 조합 규정이 있는데 그게 까다롭다. 예를 들어 존 허트가 저녁 7시에 숙소로 돌아갔다면 12시간 지난 다음 날 오전 7시 전에는 콜을 할 수가 없다. 그 때문에 조감독이 매일 머리를 굴려야만 한다. 오늘 7시까지 틸다를 찍고 먼저 보낸 다음에 크리스를 아홉 시까지 찍자, 그러면서 조합을 하는 거다. 조합 규정이 있고 그걸 실제로 지켜야 한다. 우리는 규정이 있어도, 규정은 규정이고 하면 넘어갈 수 있지만 그럴 수가 없다. 그런 압박이 있었다. 역설적으로 말하면 그게 있어서 더 긴장하고 집중력 있게 작업한 측면도 있다.

박찬욱 감독은 〈스토커〉를 찍으며 나보다 두 배는 더 고생했다. 폭스 영화사는 할리우드 스튜디오 중에서도 악명이 높다. 계속 전화와 팩스가 온다고 하더라. 콘티에 대해서도 직접 뭐라고 하고. 단역배우 의상이 왜 핑크색인지 따지면, 일일이 설명을 해줘야 한다. 그러면 그냥 '오케이', 그런단다. 바빠 죽겠는데(웃음). 다들 실력은 좋은데 계속 질문하고 이것저것에 대해 계속 설득해야 하는 게 너무 피곤했다고 한다. 나는 그런 건 없었다. 다시 말하면 조합 규정이 까다롭긴 했다. 특히 아역 배우. 한국도 그렇게 해야 할 거 같다. 아역 배우는 45분 촬영하면 15분은 무조건 쉬게 해야 하고, 현장에 부모랑 배우 조합에서 인정한 자격증을 갖고 있는 개인 교사를 붙여서 학교 수업 빠진 걸 현장에서 보충해야 한다. 그게 조합 규정이고, 규정대로 했다. 그런 건 우리도 필요한 거 같다.

〈설국열차〉 보면 애들이 50명쯤 나오는 장면이 있는데, 그거 찍을 때 걱정이 많았다. 한데 의외로 진행이 빨리 잘 됐다. 찍기 전에 걱정을 하고 있으니 조감독이 웃으면서 걱정 마라, 내가 〈해리포터〉 출신 아니냐(웃음), 하더라. 어떻게 하나 보니 오전 오후반으로 더블 캐스팅을 하더라. 앞에서 대사하는 아이들 빼고 나머지 뒤의 40명은 다 외모랑 머리카락 색, 신체 사이즈가 비슷한 아이들로 해서 한 역할에 두 명씩 가는 거다. 그래야 애들 집중도가 유지되고 지치지도 않고. 캐스팅할 때는 돈이 더 들지만 전체적으로는 더 이득이라고, 그런 노하우가 있더라. 영국이나 미국 조감독은 직업 조감독이다. 나중에 감독이 되려는 사람이 아니라 평생 조감독을 하면서 현장을 어떻게 진행할지에 대해서만 24시간 고민하고 숙련돼 있다. 나이 50대에, 퍼스트 조감독은 급료도 높다. 대신 자기 돈값을 한다. 그들은 나중에 프로듀서가 된다. 조감독의 개념이 우리와는 완전히 다르다. 그것 때문에 좋기도 힘들기도 했다. 한국에서 조감독은 무조건 감독의 용병, 로마 병사 같은 친구들이다. 죽으라면 죽고 오라면 오고 막. 거기선 조감독이 오히려 감독을 압박한다. 고민하고 있으면 쓰윽 와서 "4시 20분까지 이 신 다 찍으셔야 해요. 그렇다고 압박하는 건 아니에요."(웃음), 그러더라.

전 박찬욱 감독이나 김지운 감독도 언어는 문제가 되지 않았다,

고는 하더라.

봉 막상 그걸 걱정하는데, 어떤 감독이든 하루나 이틀만 지나면 적응한다. 하는 짓이 똑같다. 박지성 선수가 맨체스터 가서 볼을 차면 주고받고 하잖나. 상대가 헤딩하면 헤딩하고. 10년간 같은 짓을 해 왔기 때문에 전혀 문제없다. 현장에서 배우랑은 잘 통한다.

임 아이들 시퀀스 보고 이 영화는 19세라 생각했는데, 15세로 나왔다.

봉 프랑스에서는 12세다. 총격 장면에 민감해서인지 미국에서는 R등급을 받았다. 미국에서는 실제로 초등학교에서 그런 사건도 있고 해서 민감했던 것 같다. 미국은 심의 기준이 독특하다. 〈괴물〉도 R등급이었다. 〈빌리 엘리어트〉도 R등급이다. (우리나라에서는 이 두 영화 다 12세 관람가 등급이다.)

임 등급에 대한 부담은 전혀 없었나?

봉 찍을 때 나나 배우들이나 공동 제작자인 박찬욱 감독 등 모두, 어차피 이거 미국으로 치면 R등급 영화 아니냐. 욕 더하자, 라는 식이었다. 크리스 에반스 왈, F**k이 두 번 들어가면 R등급이다, 한

번은 용납해 주지만. 이미 그때 우리는 그 F**k을 수백 번은 족히 한 뒤였다. 그래서 틈만 나면 픽 픽 픽 픽, "야, 그거 그냥 계속해. 괜찮아 뭐 어차피 R인 거." (웃음) 하면서 부담 없이 찍었다.

임 에드 해리스 역이 애초에는 더스틴 호프만이라는 기사도 있었다.

봉 그건 아니다. 그 역할 건으로 더스틴 호프만을 만나긴 했었지만. 같이 식사를 했는데 재밌는 분이었다. 하고 싶어 했는데 LA에 촬영 스케줄이 있어 체코에 3, 4주를 머무를 수 없어 결렬됐다. 만나서 서로 얘기도 많이 하고 재밌었다.

전 〈설국열차〉의 메시지와 연관해 나는 봉준호 감독 영화 세계를 '변화'로 규정하고 있다. 무언가를 바꾸고 싶어 하는 욕망 내지는 그것에 대한 추구, 변화로 규정을 하고 그 주제의 정점으로서 〈설국열차〉를 위치시키고 있다. 나는 〈설국열차〉가 지금까지 추구해 온 봉준호 영화 세계의 정점이면서 새로운 출발을 알린다고 해석했다. 지난번 인터뷰에서도 "늘 변화하고 싶습니다"라고 했었는데, 변화라는 것이 봉 감독 영화 세계의 으뜸 가치라 해석해도 괜찮은 건가?

봉 내 자신이 계속 변해야 하는지에 대해선 잘 모르겠고 그런 강박은 없는데, 남이 했던 걸 하고 싶진 않다. 하늘 아래 새로운 거 없다고 창작자들이 말하곤 하는데, 나는 그렇게 말하는 거 되게 싫어한다. 새로운 게 엄청 많다고 생각한다, 나는. 남의 것을 베끼거나 적당히 흉내 내서 무언가를 하는 사람들이 괜히 스스로를 정당화할 때 쓰는 말이라고 생각한다. 내가 영화를 잘 찍었는지, 그 영화들이 어떤 가치가 있는지는 잘 모르겠다. 내 입으로 말하기도 민망하고 보시는 분들이 판단하는 거다. 최소한의 자부심은 남이 했던 걸 하진 않았다는 것이다. 내 영화와 비슷한 영화는 없다, 라는 걸 유일한 자부심으로 생각하고 있다. 내 영화가 좋은지 나쁜지는 나 스스로는 잘 모르겠다. 그러다 보니 항상 우여곡절이 많았다. 〈설국열차〉도 익숙한 카테고리에 딱 들어맞지 않기 때문에 해외에서 투자하거나 배급하는 사람들이, 좋은 배우고 알려진 감독이고 시나리오도 재밌을 거 같은데 "이게 뭐지?" 그러더라. 회사 내에서도 항상 말들이 많다고 하더라. 지지하는 쪽과 반대하는 쪽이 갈리고. 그러다 보니 아슬아슬한 우여곡절도 있는데, 기질이 원래 그래 어쩔 수 없는 거 같다.

운이 다하면 영화 산업에서 밀리는 시점도 올 거다. 지금까지는 모험적이고 이상한 시도도 많이 했는데 다행히 대중적으로 위기를 잘 넘겼다. 그 운이 언제까지 갈지는 모른다. 내 의지대로 되는 게 아니니까. 그럴 때는 내가 할 수 있는 작업이 과연 뭘까 미리 구상하고 준비하는 것도 있다. 홍상수 감독은 자기만의 인더스트리를 만들지 않았는가. 배우들과 품앗이 식으로 작업하면서, 학교에서 프로덕션 차리고 단출한 자기만의 제작 시스템 내지는 반복되는 생산 구조랄까. 그래 일 년에 두 편도 만들지만 영화들이 다 재밌다. 기가 막히잖나, 다 변주하면서. 그런 거 보면 되게 부럽다. 나도 언젠가는 그렇게 해야 하는 시점이 오지 않을까. 지금은 투자를 받는 데 문제가 없지만. 실제로 구로사와 아키라 같은 거장도 어느 시점이 되면서 제작사나 투자자들이 등을 돌려 미국에서 작업을 하다 해고돼 자살 기도도 하고 그랬지 않았나. 나도 그런 일이 없으리라는 법이 없다. 한데 그때는 또 그때대로의 영화를 찍으면 될 거 같다.

전 감독으로서도 그렇지만 〈설국열차〉라는 텍스트에서도 변화를 향한 생각을 추구했다고 보는데….

봉 가장 노골적으로 시스템에 대한 이야길 했던 것 같다. 기차라는 네모난 프레임 안에 사람들이 바글바글 있듯. 지금 한국 사회에서 사는 것도 마찬가지고, 모든 사람들이 시스템에서 살잖나? 그 시스템이 기차라는 쇳덩어리로 직접적으로 형상화돼 있고 그 기차에서 앞으로 뚫고 나가려는 사람과 아예 기차 자체를 뚫고 밖으로 나가려는 서로 다른 두 인물이 등장한다. 내가 전하고자 했던 메시지는, 문제 해결을 위해서는 시스템 내에서 어느 지점에 가려고 하는 게 도움이 될 것인가 아니면 관념적 얘기지만, 이 시스템을 뚫고 밖으로 나가야 할까, 라는 것이다. 그런데 관념적일 수 있는 거 아닌가 싶다. 그걸 추상화하고 단순화시켜 노골적으로 보여주는 게 사이파이(SciFi)라는 장르의 묘미이자 쾌감인 것 같고. 나오는 신의 수에서는 송강호가 크리스 에반스보다 훨씬 적지만, 겉보기에는 부랑자에 약물 중독자인 송강호의 비전, '앞으로 가 봤자 기차 아니냐'면서 틀을 깨고 밖으로 나가 버리는 게 영화의 진정한 비전이었다고 생각한다. 크리스 에반스도 물론 영화의 중심을 지탱하지만 그 사람은 결국 제자리걸음을 한 거라고 본다. 몸은 앞으로 갔지만 멘탈은 꼬리 칸에서의 17년 전 사건에 붙들려 있는 인간이랄까.

임 존 허트가 분한 길리엄을 에드 해리스가 분한 월포드와 엮은 것은 시스템의 무엇을 말하려던 의도였나.

봉 크리스 에반스가 분한 커티스의 아버지라 할 수 있을 길리엄은 사실상 유사 아버지, 멘토같은 사람이다. 영화에서 자세히 설명하진 않았지만. 그 사람도 처음부터 그러진 않았다. 결국은 기차에서 제일 끝과 맨 앞이 착한 아버지와 나쁜 아버지 같은, 그래서 기차를 하나의 원으로 만들면 앞과 뒤가 서로 만나게 된다. 그 역할을 1인 2역을 시킬까도 싶었다. 만약 연극이었다면 그렇게 했을 거 같다. 착한 아버지로부터 출발해서 나쁜 아버지를 향하는 여정으로. 나쁜 아버지 또는 자신이 타살하려 했던 아버지가 사실은 동체라는 거다. 그래서 어떻게 보면 크리스의 여정은 비극적이다. 나중에 거의 99% 넘어가지 않나? 윌포드가 내 기차를 네가 가져라, 할 때.

전 이 영화의 가장 큰 매력은 영화에 담겨 있는 '혁명'적인 지점이다. 어떻게 보면 혁명적인 메시지이기도 하다. 그런 영화가 어떻게 천만 가까이 될 수 있는지, 한국은 놀라운 나라다.

봉 창조 경제니까(웃음).

임 본인도 〈설국열차〉가 혁명적인 텍스트라 생각하나?

봉 그냥 SF 영화다. 나는 체제 순응적인 사람이다. 온건한 사람이다. 체제의 횃불이다(웃음).

전 〈설국열차〉의 결말에 대해 의견이 분분하다. 아이들이 살아남는 건 희망적이나, 북극곰이 살아 있으니 결국 곰에게 잡아먹을 거라는 견해도 있다.

봉 영화 내내 멸종이라는 단어가 반복적으로 나오는데, 모든 생명이 멸종됐다고, 교실에서도 세뇌를 한다. 밖에 나가면 얼어 죽는다고. 하지만 멀리 있는 산봉우리의 곰을 보면, 살아 있는 생명이 있고, 그건 먹이사슬, 생태계가 존재한다는 거다. 영원하다고 외쳤던 기차는 사실은 마모되고 있고, 엔진을 유지하기 위해 끔찍하게 애들을 부품으로 소모시키는데, 멸망되었다는 바깥세상에서는 오히려 생명이 복구되어 있다. 생명의 상징으로 곰이 등장한 것이다. 요나와 남자 아이가 밖으로 나온 건, 새로운 시대의 아담과 이브를 상징하는 것이다. 한 시대가 완전히 끝나고 새로운 시대가 왔다는 것. 그런 개념으로 정리해, 스태프와 배우도 그렇게 이해하고 영화를 찍었는데, 사슴을 넣을 걸 그랬나 보다(웃음). 한데 곰이 그렇게 무서운가? 사슴이나 펭귄으로 했어야 했나?(웃음)

다국적의 좋은, 많은 배우들과 순조롭게 촬영…행복한 작업

전 배우에 대해 말해 보면, 송강호의 역할을 가리켜 우리말이 아닌 영어를 썼어야 하는 게 아닌가라는 의견도 있고, 송강호의 양적 비중이 작다 보니 너무 역할이 작은 게 아닌가 하는 비판 내지 불만도 있다. 고아성 캐스팅은 〈괴물〉 때문에 자연스럽게 간 건가, 아니면 고아성의 어떤 가능성 때문에 캐스팅한 건가?

봉 강호 선배도 본인 대사가 적다고 그랬었다(웃음). 배우들은 자국어를 할 때 가장 매력 있다. 개인적으로 가장 싫어하는 영화가 〈게이샤의 추억〉(2005, 롭 마셜)이다. 장쯔이나 공리 같은 중국 여배우들이 일본 게이샤 캐릭터로 캐스팅돼 대사는 영어로 한다. 그러면서 가끔씩 분위기 내려고 '사요나라'라고 말한다. 웃겨서 말문이 막혔다. 서양 관객의 시선으로 봤을 때 상관없다는 거다. 같은 동양이면 하나로 뭉뚱그리자는 거다. 그런 느낌이 되게 싫었다. 〈박쥐〉(2009)를 보면 송강호 선배가 초반에 영어로 하는 대사가 있다. 굳이 그렇게 해야 할 필요가 있었나 싶다. 어차피 SF 영화고 인류의 생존자가 기차에 타 있는 건데, 노아의 방주처럼 다양한 국적의 생존자가 타는 게 맞지 않나? 송강호 선배가 영어를 해야 할 이유가 뭐가 있나? 영화 보면 일본어도 나오고 프랑스어도 나온다. 쿠엔틴 타란티노 감독의 〈바스터즈: 거친 녀석들〉(2009) 보면 불어랑 독어 대사가 40% 가량 된다. 그래도 북미 개봉에 전혀 문제없었다. 〈설국열차〉는 한국어 대사가 전체 대사의 20% 정도 된다. 그 때문에 해외 쪽 세일즈에서 걸림돌 된 적은 없었다. 오히려 한국 내에서 너무 걱정들 한다. 가령 유창한 미국식이나 영국식 발음을 구사해야 한다는 강박 같은 것을 갖고 있다. 사실 프랑스 친구들 악센트는 한국보다 더 심하다. 나라마다 고유의 악센트가 있다. 우리가 CNN 앵커처럼 말을 해야 하는 건 아니다. 한데 그런 거에 지나치게 민감한 거 같다. 전혀 상관없는 거고 창피할 거 없는 건데. 〈판의 미로〉(2006, 기예르모 델 토로)는 스페인 영화였고 〈와호장룡〉(2000, 이안)도 중국어

영화였지만 북미에서나 전 세계적으로 큰 성공을 거뒀다. 영화 자체가 재밌으면 잘 된다고 생각한다. 〈게이샤의 추억〉처럼은 가면 안 된다고 생각한다.

또 고아성 양은 영어를 잘해서, 아버지를 통역하는 역할도 한다. 미국 시사회 때는 고아성 양이 'fucking long tunnel'할 때 환호도 받았다. 고아성의 경우 제너레이션 경험이 중요하다. 다른 인물들하고 다른 느낌, 소녀와 여인의 중간 지점에 있는. 기차가 달린 지 17년 됐다. 요나가 17세다. 기차의 나이를 가진 아이의 느낌이랄까. 크리스 에반스나 송강호나 꼬리 칸의 주요 인물 모두 바깥세상에서 살다가 기차에 올라탄 사람들이다. 그런데 완전 다른 세대의 아이들, 흑인 꼬마 아이도 그렇지만 다른 세대의 느낌을 누군가 대표해야 하는데, 고아성이 잘 맞는다고 생각했다. 그 친구는 평소에도 애티튜드가 주변을 지워 버린다. 상관없다는 느낌 있잖나? 언제나 혼자 따로 있는 듯한 느낌. 주변이 아무리 시끄러워도, 주변에서 누가 말을 걸건 어쩌건 간에, 그런 묘한 매력이 있다. 그 느낌을 최대한 살리려고 했다. 열차 안에서 아무리 치고 박고 싸우고 난리난다 해도 요나는 그냥 크로놀만 달라고 하고 그거만 챙긴다. 그런 이미지를 살리기엔 고아성이 최적화됐다고 생각했다. 사실 송강호와 고아성은 2009년에 먼저 만나, 같이 합시다, 해 놓고 시나리오를 썼다. 시나리오 쓰기 전에 먼저 이야기를 나눴다.

전 많은 좋은 배우들과 작업을 했다. 국적별로 배우들 연기라든지 애티튜드라든지 크고 작은 차이가 있었을 거 같은데….

봉 다 개인차다. 한국에서와 마찬가지로. 유일하게 다른 배우 조합 규정 외에는 다 개인차인 거 같다. 나라별로 일반화하긴 쉽지 않다. 개인적으로는 연극 무대를 많이 한 사람과 손발이 잘 맞는 거 같다. 감독 개인마다 다르듯이 감독으로서 취향이 있잖나? 송강호 선배도 연극 무대에서 단련이 돼 있는 분이고, 김윤석 선배나 틸다 스윈튼도 극단 출신이다. 존 허트는 지금도 공연을 하고 있다. 에드 해리스도 그렇고. 연극 쪽 분들과 잘 맞는 거 같다. 박해일 씨나 윤제문 씨도 다 연극배우 출신이다. 그런 개인 차이가 더 큰 거 같다. 틸다는 처음 하는데도 서로 손발이 정말 잘 맞고, 여자 송강호 같은 느낌도 있고, 편안했다. 오랜 시간 같이 작업한 느낌. 에드 해리스는 긴장을 많이 했다. 가장 마지막에 캐스팅 돼서. 크랭크인 될 때쯤 캐스팅 돼서. 제일 끝 칸에만 등장하지 않나. 그 분이 현장에서 어떤지 정보도 적었고, 약간 무서웠다. 전화 통화 몇 번 했는데도, 되게 단답형이어서, 예스와 노만으로 답했다. 그래, 어떡하지, 했는데 막상 만나 보니 정말로 상냥했다. 마음씨도 좋고. 재밌게 찍었다.

전 그랬다면 행복한 작업이었겠다.

봉 트러블 일으키는 배우는 없었다. 팀 이글이라는 다섯 살 난 아역 때문에 힘들긴 했다. 연기를 안 하려고 하니까. 나보다도 조감독이 힘들었다.

임 어렸을 때부터 연극을 좋아 했나, 아니면 영화적 필요에 의해 연극을 챙기나?

봉 공연 예술만의 매력이 있다. 영상과는 다른. CD로 재생되는 음악과 라이브가 다르듯이. 그리고 연극한 배우들이 더 잘할 수밖에 없다. 연극을 하지 않고도 훌륭한 영화 연기를 할 수는 있다. 하지만 예를 들어 연극을 오래 했던 배우 100명과 그렇지 않은 배우 100명 중 훌륭한 배우가 될 수 있는 확률은 전자 쪽이 훨씬 높다고 본다. 흔히들 연극배우들이 오버한다는 편견이 있는데, 그건 개인마다 다르다고 본다. 시간을 보낸 조건을 생각해 보면 객관적으로 그런 결론이 나올 수밖에 없다.

임 봉 감독을 영화감독으로 이끈 작품이 있었나?

봉 앙리 조르주 클루조의 〈공포의 보수〉. 정말 좋아했다. 심장을 조이는 최고의 영화 중 하나다. 또 어릴 적 이탈리아 영화인지 뭔지 전혀 모르는 상태로 봤지만 비토리오 데 시카 감독의 〈자전거 도둑〉.

거기 가서 자전거를 사 주고 싶을 만큼 몰입해서 봤다. 할리우드 영화들, 특히 샘 페킨파 영화들도 좋아했다. 방송사에서 틀어 주는 검열된 버전의 샘 페킨파 영화를 보면서 도대체 방송에서 어떤 부분을 도려낸 걸까, 분명 더 잔인한 부분이 있을 거야, 그런 생각을 하곤 했다.

음악 감독 중요, 신중하게 작업한다면 영화에서 가장 중요한 역할 중 하나

임 내 인생의 음악이나 음반이 있나? 언젠가는 영화적 인연을 맺고 싶은 음악가가 있다면?

봉 고등학교 때 지미 페이지가 우상이었다. 밴드를 한 적은 없었지만 엉터리로 기타를 치기도 했다. 레드 제플린을 좋아했다. 앨범은 다 모았다. 우리 세대가 다 그랬다. 핑크 플로이드, 딥 퍼플 좋아하고. 레드 제플린 3집인가, 그 LP가 되게 예뻤다. 그거 사서 좋아했던 기억이 있다. 중·고등학교 때 '보헤미안 랩소디'가 금지곡이었다. 지금 생각하면 코미디다. 핑크 플로이드 앨범도, 앨범 보면 몇 곡이 날라 가 있고 그러다 보니 우리는 온전히 다 있는 앨범을 갖고 싶어서, 백판을 구했고, 그런 갈망이 있었다. 지금은 재즈 음악을 많이 듣는다.

이제는 인터뷰 처음, 임 선배와 봉 감독이 주고받았던 재즈 같은 문답 속으로 뛰어들어야 할 터.

임 음악적으로 접근해 보자면 〈설국열차〉는 타이트한 영화 전개 특성상 음악이 삽입될 여지가 상대적으로 적었다.

봉 음악은 많이 억눌려진 편이다. 기차 소리가 더 음악처럼 다가오는 영화니까. 유일하게 다른 뮤지션의 곡을 가져와 삽입한 음악이 에릭 클랩튼의 'Strange Brew'다. 문이 열리고 사람들이 뛰어나오는, 좀 엉뚱한 상황에 흘러나오는 노래다. 그게 들어가니까 좋더라. 숨통이 트이고. 〈설국열차〉 음악감독이 마르코 벨트라미Marco Beltrami라고, 과거 영화 〈빠삐용〉(1973) 등의 음악을 만들었던 제리 골드스미스 밑에서 조수로 있다가 독립한 분인데, 〈허트 로커〉(2008)나 '〈스크림〉 시리즈'(1996/97/2000/2011)도 음악을 맡았다. 음악감독과 이 장면에는 삽입곡이 들어가면 좋겠다, 딱 이번 한 번이다, 이 영화에서 곡이 들어갈 만한 데가 더는 없다, 라는 말들을 주고받았었다.

임 굳이 Strange Brew를 선곡한 이유가 있나?

봉 마르코 벨트라미 쪽에서 추천한 리스트 상위에 Strange

Brew가 있어서 선곡하게 됐다. 나도 에릭 클랩튼 백판을 사던 세대라 고등학교 때 그 노래를 좋아했던 기억이 있었다. 'Brew'가 원래 '밀주를 제조하다'라는 뜻이 있는데, 단어의 느낌이 장면과 묘하게 맞았다. 그 장면에 나오는 인물도, 단백질 블록을 만드는 배우가 몽롱하게 맛이 가 있는 듯한 느낌인데 노래와 잘 어울리더라.

임 데뷔작인 〈플란다스의 개〉에서는 음악적인 감각이 상당히 묻어났다.

봉 그때는 신나게 했었다. 조성우 음악감독의 지휘 아래 재즈를 제대로 해보자, 해서 색소폰 재즈 연주자이신 이정식 선생도 함께 즉흥 연주하듯 녹음했다. 그 영화는 음악이 활약할 수 있는 여지가 많은 작품이었다. 반면에 〈설국열차〉는 마지막 신의 엔진 소리도 그렇고, 기차 소리에 엄청난 양의 대사들 등 영화에 음악을 넣을 여유가 없었다. 이렇게 틈 없는 성격의 영화를 마르코 벨트라미가 음악이 앞에 나서지 않으면서 뒤에서 받쳐 주도록 잘 한 것 같다.

임 〈살인의 추억〉 때는 '빗속의 여인'을 썼다.

봉 그때 신중현 선생님과 직접 통화할 기회가 있었는데, 이상하지 않게 잘하겠다고 다짐했던 기억이 있다. 유재하의 '우울한 편지'

도 있다. 원작인 연극 〈날 보러와요〉에서는 '모차르트 레퀴엠'이 나온다. 범인으로 의심되는 사람이 비가 올 때마다 모차르트 레퀴엠을 듣는다. 연극과 달리 영화는 1980년대 전두환 정권 시기에 포커스를 맞추고 있기 때문에 1980년대 살아 있던 가수, 그런데 지금은 우리 곁을 떠난 가수의 음악을 쓰고 싶었다. 그래야 더 아련한 느낌이 나지 않을까 싶었고, 그러면서도 너무 대중적이지 않은, 알 듯 말 듯한 노래. 그래야 박해일 캐릭터랑 잘 맞을 거 같았다.

임 당시 유재하 음악 중에 라디오에서 리퀘스트를 덜 받은 곡이 우울한 편지였는데….

봉 나는 그 곡이 제일 좋았다(웃음). 친구랑 매일 그 노래만 들었다. 중간에 나오는 플루트 연주도 정말 좋고, 말씀하신 대로 그 곡이 제일 인기를 덜 끌었던 것 같다. 라디오에선 '사랑하기 때문에'나 '지난 날'이 많이 들렸다.

임 2003년에 한영애가 트로트를 재해석한 앨범 〈Behind Time〉을 내놓을 때 수록곡 중 하나였던 '외로운 가로등' 뮤직비디오를 찍었는데 그 작업은 어떻게 하게 됐나?

봉 그때가 〈살인의 추억〉 개봉 직후였는데, 학교 영화 동아리 선배가 에이전트 쪽 담당자와 친분이 있어 그 인연으로 하게 됐다. 강혜정 씨가 담배 피우는 숏이 많아 공중파 방송 불가 판정이 나왔다(웃음). 그 앨범은 일제 시절에 유행했던 곡을 모은 것이다. 아, 이렇게 블루지하고 재지하며, 경계선이 다 허물어져 있는 음악이 있구나 싶었다. 그 앨범은 지금 들어도 참 명반인 거 같다. 그런 곡의 가사를 영어로 바꿔서 다이애나 크롤 같은 사람이 불러도 멋있을 거 같다고 생각한다.

임 외로운 가로등을 작업한 것도 그렇고 초기 영화는 조금 전에 말한 것처럼 음악적 요소가 강하거나 강할 것이라는 느낌을 주었다. 반면 이후 장대한 스케일의 흥행 대작들이 나오면서 전체적으로 음악이 소극적으로 취급된 것 같다.

봉 음, 글쎄…. 〈괴물〉과 〈마더〉는 이병우 감독과 작업을 했었데, 〈마더〉 같은 경우는 음악의 역할이 꽤 큰 영화가 아니었나? 이병우 감독은 내가 고등학교 때부터 〈어떤 날〉 앨범 사 모으던 팬이었고, 솔로 앨범인 〈흡수〉의 곡들은 옴니버스로 만들었던 '흔들리는 도쿄'에도 썼다. 레오 카락스 감독과 미셸 공드리 감독이 참여해 일본에서 찍은 옴니버스 영환데 OST 들어보면 대부분 이병우 씨의 기타 솔로가 주축이 되어 있다. 어쨌든 팬심을 갖고 접근해서는 같이 작업을 하게 돼서 무척 행복했었다.

임 어찌 보면 봉준호 감독 세대가 첫 '컬처 세대'라 할 수 있다. 라디오 세대였고 대중문화가 개화된 시점에 학창시절을 보냈기 때문에 이전 감독에 비해 영화에서의 음악 사용이 진일보했다는 느낌이 있다. 개인적으로 영화에서 음악이 어느 정도의 비중을 갖는다고 보나.

봉 음악, 중요하다. 나쁘게 말하면 감독이나 배우나 촬영감독이 구현하려 했던 의도를 간단한 콩나물 머리 하나로 일거에 다 뒤집어 버릴 수 있는 게 음악이라고 생각한다. 좋게 말하면 현장에서 실패했던 것이 음악 덕분에 살아나거나 두 배 아니 열 배 이상으로 확 꽃을 피울 수도 있다. 그래서 음악 감독이 중요하고, 신중하게 작업한다면 영화에서 가장 중요한 역할 중에 하나인 거 같다.

전 그럼에도 많은 감독들이, 음악 감독이 작업을 해 놓으면 안 쓰거나 쓰지 못하는 경우가 많지 않은가.

봉 영화감독과 음악감독은 막판에 많이 싸운다. 음악을 최종 믹싱 단계에서 결정하잖나. 나도 〈마더〉 때 이병우 감독과 어느 하나를 놓고 마지막까지, 트러블까진 아니고, 질긴 대결을 벌인 적이 있다(웃음). 영화에서 이병우 감독 음악이 정말 좋고 덕분에 영화가 확 살아났는데, 딱 한 군데에서 서로 입장이 다른 부분이 있었다. 김혜자 씨가 할아버지를 죽이고 난 뒤에 불을 지르잖나? 그러고 나서 숲으로 달려가는 장면이 있다. 불타는 집이 배경으로 등장하고. 그 부분에 만들어 놓은 음악이 있었는데, 영화에서는 안 나갔다. 휘익 하는 스산한 바람 소리와 불이 파닥파닥 타는 소리만 들린다. 나는 처음부터 그 부분에 음악이 없어야 한다고 생각하고 있었는데 이병우 감독은 장면이 아름다우니까 음악을 만들지 않을 수가 없었던 거다. 음악도 정말 아름답다. OST에는 그 노래가 실려 있다. 그 장면에 그 노래를 넣어야 한다, 넣지 말아야 한다를 두고 미친 듯이 싸웠다.

임 바람 소리나 불이 타는 소리도 크게 보면 사실 음악의 일부다.

봉 어떻게 보면 거대한 오케스트라일 수 있다. 음, 영화에서는 음악이 전면에 나서야 할 때도 있고, 스며야 할 때도 있고, 아예 없어야 할 때가 있고, 그 세 가지인 거 같다. 쿠엔틴 타란티노 감독이나 마틴 스코세이지 감독을 보면 음악이 전면에 나서 있고 그게 영화를 살려 준다. 기질적으로 그런 걸 즐기는 감독 같다. 나는 그런 체질의 플레이는 아직 못 해봤다. 음악을 공격적으로 전면에 내세운 시퀀스도 해 보고 싶다. 그러려면 시나리오 때부터 이미 구상을 해야 할 거 같다.

임 마틴 스코세이지 감독의 경우 〈조지 해리슨〉이나 〈더 블루스〉 그리고 롤링 스톤스의 이야기를 담은 〈샤인 어 라이트〉 등 뮤지션을 조명한 영화도 다수 찍었다. 봉 감독도 만약 뮤지션을 조명한다면 하고 싶은 인물이 있나?

봉 신중현 선생이나 김창완 씨. 내가 아니라도 누가 만들어 준다면 정말 볼 만할 거 같다. 전인권 씨를 찍어도 재밌을 거 같다.

임 만약 신중현의 영화를 찍는다면 배우를 누구한테 맡기고 싶나?

봉 쉽지 않은 문제다. 영화에서의 김기영 감독이나 음악 쪽의 신중현 선생 같은 분은 만약 유럽에서 태어나셨더라면 루이스 브뉘엘이나 에릭 클랩튼 이상의 대우를 받을 수 있었을 텐데….

임 사적인 의견이지만 평론 부문에서 음악과 영화의 차이가 있다면, 음악 평론은 부재고 영화 평론은 홍수인 시대라는 것이다. 영화는 아직 잡지라도 살아 있지만 음악 평론은 블로그나 SNS로 물러난 상황이다.

봉 영화도 시사회를 하면 극장에 불도 안 켜졌는데 엔딩 크레디트가 올라가는 상황에서 이미 트위터로 말이 나오고 그런다. 나는 SNS가 싫다. 정제되지 않은 설익은 생각들을 길 가면서 코딱지 날리듯 틱틱 내뱉은 게 순식간에 확산되는 것이. 적어도 하루 정도는 고민하고 말해 주면 어떨까 싶다. 그에 비해 진정한 평론은 되게 드물어졌다. 내 영화를 비판할 거면 칼로 다지듯이 잘근잘근 세밀하게 하든가, 좋으면 왜 좋은지 적어도 두 번은 봤나 보다, 생각을 많이 했나 보다 싶어야, '이건 내가 잘못했나?' 그러면서 서로 간의 생각의 잔상이 남게 되는데, 그럴 수 있는 지면도 많이 없어졌다. 영화 쪽도 음악과 마찬가지인 거 같다.

〈해무〉, 제작자로는 처음이자 마지막 영화일 것

전 박찬욱 감독이 〈설국열차〉의 제작자 중 한 명이다. 봉 감독도 제작에 나섰다. 감독이 제작까지 겸하면 좋지만 되게 힘든 작업인데, 특별하게 〈해무〉 제작에 나서게 된 결정적 동기가 있나? 진척은 잘 되고 있나?

봉 그저께 13회 차 촬영이 무사히 끝났다. 〈해무〉는 특수한 케이스다. 해보니까 역시 힘들고 적성에도 안 맞아 영원히 안 하려고 한다(웃음). 처음이자 마지막이 될 거 같다. 앞으로는 연출에 더 집중하려 하고 있다. 같이 일하는 제작자들이 두 명 있다. 〈괴물〉 때

프로듀서를 한 친군데 그 친구들과 좋은 작품을 하게 된 거다. 또 〈해무〉 원작을 좋아했었다. 〈살인의 추억〉이나 〈왕의 남자〉도 연우무대 희곡이다. 좋은 작품을 많이 하는 극단인데 아무도 영화화를 하지 않더라. 신기하게. 〈마더〉에 나온 송새벽 씨를 처음 발견한 것도 〈해무〉였다. 연극 〈해무〉의 주인공이 송새벽 씨였다. 그때 그 공연 보고 좋아서 2008년에 송새벽 씨랑 같이 일했던 거다. 즉 원작이 좋았다. 또 〈살인의 추억〉 때 같이 시나리오를 썼던 심성보 씨가 이제 데뷔할 때도 지났는데, 10년 넘게 준비를 했고 재능도 있는 친군데 영화산업 상황이 급변하다 보니 타이밍을 놓친 면이 있었다. 심성보 씨가 이 작품과 궁합도 잘 맞을 거 같고, 연우무대 원작이란 게 크게 작용했다.

임 심성보 씨를 서포트해 주고 싶었다는 의미인가?

봉 내가 뭐, 강우석 감독처럼 영화사를 경영하거나 제작자로서의 비전이 있는 건 아니다. 나는 연출에 집중할 거다. 이번이 특별한 케이스였다. 좋은 원작과, 빨리 데뷔를 하면 좋겠다 싶은 사람과의 매칭이 있어서 나는 산파 역할을 한 것이다.

전 영화가 감독과 제작자의 협력의 산물이라 봤을 때 연출은 감독이 하지만 제작자의 조언이나 흔적 등은 투영이 될 수밖에 없다.

제작자가 원하는 방향을 무시하는 건 불가능하고, 심성보 감독도 제작자 봉준호를 신경 쓸 수밖에 없고, 마찬가지로 봉준호 감독도 〈설국열차〉 때 박찬욱 감독이 제작자라는 사실이 큰 힘으로 작용할 수도, 아니면 굴레가 되었을 수도 있었을 거 같다. 어땠나?

봉 박찬욱 감독은 기획 단계에서 많이 도와줬다. 〈설국열차〉를 찍을 때는 본인도 미국에 가 있어서 자주 볼 수 없었다. 박 감독은 제작자 이전에 어릴 때부터 잘 알던 분이고, 그분도 나를 잘 알고. 또 감독이니까 잘 안다, 뭐라 하면 싫어한다는 걸(웃음). 처음에는 좋은 SF 영화는 무엇인지에 대해 의논도 많이 했다. 둘 다 SF 영화에 대한 로망이 있으니까. SF가 쉽지 않은 장르잖나. 〈괴물〉을 만들긴 했지만, 그 영화는 진짜 SF라고 하기엔 무리였다. 〈설국열차〉는 달랐다. 완전히 한 세계를 창조해야 했다. 그게 사이파이의 본질이고 매력인데, 세계가 기차 속에 압축돼 있고 그 세계를 완전 새로 제작해야 하니 제작비도 많이 들고 운영에 어려움도 많지만, 우리가 이런 작업을 꼭 하나 해 보자, 하면서 한국 SF 작가들도 만나고 그랬다. 처음엔 그랬는데, 시나리오 나오고 준비하고 할 때는 박 감독도 정신이 없었다. 그때부터는 이태헌 대표가 전적으로 제작자 역할을 했다.

박 감독과 의견 충돌한 적은 한 번도 없다. 프로덕션 시작되기 직전에 딱 한번, 3D로 만들어 보면 어떻겠냐는 제안을 한 적이 있다. 나는 도저히 자신 없다고 말했다. 외국 배우, 스태프들과의 작업에 400억 원이 넘는 제작 규모만으로도 힘들다고. 쌀가마니를 지고 가는데 그 위에 돌 얹지 말라고 했다(웃음). 그때는 3D가 싫었다. 〈라이프 오브 파이〉(2012. 이안)를 보고나서 3D도 하나의 미학이 될 수 있구나, 라는 걸 느껴 마음이 바뀌었으나, 당시에는 그 느낌이 너무 싫었다. 그래서 나는 영원히 안 할 거야 하는 마음도 있었다. 난생 처음 〈설국열차〉 같은 대규모의 영화를 하면서 3D 테크놀로지까지 내가 감당을 하면 도저히 안 되겠더라. 그건 서로 의견이 안 맞았는데, 박 감독이 내 성질 아니까. "아, 그래 알았어. 맘대로 해."(웃음) 하더라.

전 반면 〈해무〉는 현장을 직접 같이 다닌 걸로 알고 있다.

봉 〈해무〉는 좀 다른 케이스다. 처음 두 달은 현장에 한 번도 안 나갔다. 계속 해외 일정이 있기도 했다. 바다 위에서, 배 위에서 찍는 영화다 보니 여러 가지 어려움이 많았다. 스티븐 스필버그 감독이 1975년에 〈죠스〉를 찍고 나서 두 번 다시 바다에 안 나간다고 했는데, 그만큼 배에서 찍는 영화가 힘들다. 후반 두 달은 현장에 거의 붙어 있다시피 했다. 예산 문제나 촬영 진행 문제나 점검할 게 많았다. 촬영도 직접 맡기도 했고. 덕분에 제 날짜에 촬영을 끝낼 수 있었다. 요즘은 한국도 과거처럼 현장에 늘어지게 마냥 붙어 있을 순 없다. 투자사에서 하는 예산이나 일정 관리도 예전보다 타이트해져서 웬만한 범위로 맞추지 못하면 프로젝트 자체가 위험해진다.

전 마지막 질문을 하겠다. 한국 영화계에 포스트–봉준호, 포스트–박찬욱이 누구냐, 왜 이렇게 안 나오는 거냐는 등의 문제 제기 내지 불평이 심심치 않게 들리곤 하다. 그에 대해서는 어떻게 생각하나.

봉 배우들은 좀 많이 나오면 좋겠고, 감독들은 천천히 나오면 좋겠다(쪽소).

"늘 변화하고 싶습니다."

인터뷰 질문을 보낸 날 2010년 2월 10일, 헝가리 부다페스트
인터뷰 녹취를 받은 날 2월 17일, 독일 베를린
녹취 풀이 함수정(쿨투라 에디터)

들어가며

평론가라면 으레 현장성을 중시하기 마련이지만 본 인터뷰어는 유난히 현장성을, 나아가 즉흥성을 중시하는 부류다. 그래 제 아무리 중요한 인터뷰라 할지라도, 대략적 방향만을 설정하고 인터뷰에 응하지 이번 경우처럼 미리 질문을 일일이 준비해 제시한 적이 없다. 게다가 서면 인터뷰는 내켜하지 않을뿐더러, 난생 처음 해보는 것이다. 이번에는 그 내키지 않는 서면 인터뷰를 피해갈 도리가 없었다. 인터뷰어는 지난 2월 5일부터 11일 새벽까지 부다페스트에, 11일 오전부터 18일 오후까진 베를린에 머물렀고, 인터뷰이는 미국에 머무르고 있어서였다.

베를린을 떠나기 하루 전인 17일, 봉 감독으로부터 답신이 왔다. 아래 내용과 함께, 음성 파일로 첨부했다면서.

전찬일 선생님 안녕하세요. 봉준호입니다. 이렇게 늦어가지고 죄송합니다. 요즘에 뭘 하나 제대로 하는 게 없습니다. 시나리오를 쓰는 와중에 시네마테크와 여러 가지 몇몇 일들에 쫓기다보니까 이렇게 됐네요. 죄송합니다. 음성 파일이 잘 전달이 됐으면 좋겠습니다. 베를린에 계셔서 정신없으시겠네요. 영화는 많이 보셨는지. 질문지 그대로 읽고 말씀드리겠습니다. 질문을 읽고서 답을 제가 하는 식으로. 혼자 하니까 좀 뻘쭘합니다만…

시간 상 도저히 그 녹취를 풀 여력이 없어 출판사에 부탁을 했다. 그랬더니 하루 만에 인터뷰 원고를 보내왔다. 출국 비행기를 기다리며 베를린 테겔 공항에서 읽어보니 봉 감독의 답변도, 녹취 풀이도 흡족했다. 현장성의 결여가 더러 느껴지고, 부분적으론 어색하긴 해도 말이다. 그래 가능하면 가공하거나 정정하지 않은 채, 거의 그대로 봉감독의 목소리를 전달하기로 했다. 녹취 풀이 과정 등에서 발생한 결정적 오류나 전달 효과 상 외국어 표현—가령, '레이어'를 '층위'로—을 우리말로 옮기는 게 낫다고 판단되어 바꾼 정도를 제외하고는. 평어체의 질문과 경어체의 답변 사이의 어투 차이도 한쪽으로 통일하지 않고 살리기로 했다. 그 어긋남의 효과도 나쁘진 않을 듯해서였다.

인터뷰

전 축하한다. 예상은 했지만 득표수에서 워낙 앞서서 내심 놀랐다. 그 큰 지지의 이유들이 뭐라고 생각하는지?

봉 만든 제 입장에서 말씀드리기는 쑥스러운데, 어쨌든 감사드립니다. 나름 요즘 영화들과 달리 뭐랄까, 과감하고 독하고 극한까지 가는 어떤 면이 지지해주신 분들에게 어떤 인상을 준 것이 아닌가, 이런 생각도 해보고요. 김혜자 선생님을 비롯한 배우들의 훌륭한 연기…, 뭐 이런 것들 때문인 것 같습니다.

전 어느 인터뷰를 보니까, 〈마더〉의 출발점이 김혜자 씨였다던데 그런가?

봉 예, 사실입니다. 배우 때문에 구상하게 된 영화고요. 솔직히 말하면 어릴 때부터 봐왔던 김혜자 선생님이지만 성격이 변태적이라 그런지 약간 다른 각도에서 김혜자 선생님을 바라보는 시점이 있었고요. 외람된 말씀이지만 저분이 혹시 사이코가 아닐까, 이런 관점이 있었습니다. 어두운 면, 광기, 이런 것들. 그런데 김혜자 선생님 자체가 국민 어머니의 아이콘이었기 때문에 그것은 곧 어머니의 광기, 어두운 엄마, 광기가 폭발하는 엄마, 이런 것으로 자연스럽게 이어지게 됐고요. 그래서 모든 스토리와 장면들, 이미지들이 떠오르게 됐습니다.

전 그렇다면 모성이라는 테마보다는 김혜자란 인물에 대한 관심이 더 컸다는 의미인가? 아니면 김혜자가 구현할 모성 내지 엄마 상이 주된 관심사였는가?

봉 김혜자라는 것. 그 다음에 엄마, 모성이라는 것에 대해서 하나의 분리가 불가능한 그런 존재로서 접근을 했습니다. '김혜자=엄마'인 것이고, 따라서 모성에 관한 주제를 다룰 수밖에 없었던 것입니다.

전 그 김혜자와 영화에서 드러난 김혜자는 동일 인물인가? 만약 차이가 있다면 어느 정도이고 어떤 점에서 다른가?

봉 배우는 표현을 해내는 존재라고 생각합니다. 아무리 실제의 본인과 비슷한 면이 있다고 할지라도 그것조차도 표현의 한 부분이라고 생각합니다. 도준이 엄마, 영화 속의 그 인물을 김혜자 선생님이 훌륭하게 표현하셨고, 저는 그것을 연출로써 도와드렸다고 생각합니다. 무엇이 같고 무엇이 다르냐를 따지는 것은 쉽지 않은 것 같습니다.

전 영화 속 모성은 본능적이면서도 맹목적이다. 그 양면성을 보여주고 싶었던 건가? 아니라면?

봉 맞습니다. 맹목적. 양면성이라기보다도 본능적이기 때문에 맹목적이겠죠. 본능적인 면, 그러니까 인간이 아니라 거의 동물과 짐승이 되는 것. 어머니와 아들이 아니라 어미와 새끼가 되는 순간. 이런 것들을 묘사해 보고 싶었습니다. 아들의 죄악(범죄)을 깨닫는 순간 사실은 이 엄마의 브레이크가 파열이 되잖아요. 본능이 이성을, 도덕과 상식을 압도해 버리는 거죠. 그래서 고물상 할아버지를 죽이게 되는 건데, 그 감당할 수 없는 새끼를 지키려고 하는 어머니의 본능이 폭발하는 동물적 순간을 보여주고 싶었습니다. 그렇지만 또 도덕과 상식의 지배를 받는 현실로 다시 돌아와야 하니까요. 그 쓸쓸하고 괴로운 에필로그들이, 고물상 할아버지를 죽인 후의 에필로그들은 그런 맥락에서 여러 면에서 고통스러운 영화가 아닌가 생각이 듭니다.

전 내가 가장 흥미로웠던 건 그 모성의 맹목성이었다. 모성과는 또 다른, 아들 둘의 부성을 지닌 아버지로서, 모성이란 게 과연 그렇게 맹목적인 걸까, 여전히 의심스럽긴 하나 그 맹목성을 통해 난봉 감독이 흔히 위대하다고 여겨지는 모성의 일반적 이데올로기를 해체시키고 싶었다고 해석했다.

봉 예. 그렇게 해석해주시니 감사하고, 저도 그런 의도가 있었고요. 물론 이 영화에 그려진 본능적이고 맹목적인 모성이 좀 극단적이죠. 익스트림한 상태이긴 하지만 동시에 누구나 저럴 수도 있다. 어느 순간 저 상황에 처하면 저렇게 될 수 있다는 최소한의 보편성을 유지하려고 했습니다. 모성이라는 것이 가진 신성한 면, 신비화되는 것? 이런 것들을 어둡게 해체시키는 면이 있죠.

전 그 '엄마'를 다름 아닌 김혜자 씨가 연기한다는 사실이 영화의 결정적 매혹Attraction이자 부담으로 작용했을 텐데…. 아무리 감독이라지만 김혜자 씨가 대한민국 최고 연기자라는 사실과, 그녀 자신이 엄마라는 사실 때문에 적잖은 부담을 느꼈을 것 같다.

봉 부담을 별로 느끼지 않았습니다. 2004년에 처음 스토리라인을 말씀드릴 때 긴장이 됐던 것은 사실입니다. 혹시 이 스토리를 싫어하시면 어떡할까. 그런데 완성된 영화와 똑같은 결말을 가진 기본적인 스토리라인을 설명 드렸는데, 다행히 좋아하셨습니다. 그 다음부터는 모든 것들이 갈등 없이 쉽게 잘 진행됐던 것 같습니다. 선생님도 이 스토리와 이 영화를 하고 싶어 하셨고요. 김 선생님이 또 2004년 처음 봤을 당시에 〈살인의 추억〉을 좋아하셨어요. 김 선생님의 표현을 그대로 들자면, "불란서 사람들이 좋아할 영화" 같다고 하시면서 〈살인의 추억〉을 좋아하고 연출자인 저를 신뢰해 주셨기 때문에, 저야 당연히 김혜자 선생님을 존경해서 이 모든 것을 기획하고 준비했죠. 그래서 서로 사랑하면서 잘 진행이 되었습니다.

전 김혜자 씨와의 의견 충돌이 없지 않았을 텐데, 어떻게 풀었는가?

봉 특별히 큰 의견 충돌 같은 건 기억이 안 나고 경이로운 연기력을 보여주시면서 동시에 감독의 의견이나, 감독이 하려는 의도나, 연출적인 뉘앙스들에 대해서 아주 예민한 촉수로 받아들이시고 저의 생각을 항상 알고 싶어하셨기 때문에 뭐랄까, 저도 물론 저의 어머니뻘이시고 심지어 제가 태어나기 전부터 연기를 하셨던 분이시지만 그런 느낌 없이 감독과 배우 또는, 몇 편 작업했던 배우처럼 저는 좋은 작업을 마쳤다고 생각하고 즐거운 작업이었습니다.

전 혹 영화를 만들 때나, 영화를 둘러싼 해석, 평가 등에서 지나치게 김혜자 씨 중심으로 흘러갔다고 보진 않는가.

봉 저는 그렇게 느껴지진 않았습니다. 잡지나 인터넷에서 봤던 여러 가지 평론들에서 작품 전체에 대한 해석이나 평가가 다양하게 있어서 좋았고, 물론 작품 자체에서 김혜자 선생님께서 차지하는 비중이 워낙 막강하니까 그것조차도 작품의 형태에 대한 반응이라고 봅니다. 그리고 원빈 군의 관점에서 영화를 재구성하거나 아들의 복수극이라는 네티즌의 유명한 리뷰도 나온 적이 있었는데, 그런 식으로 원빈 씨 관점에서 여러 가지 리뷰나 해석 접근방식이 있었고, 그래서 저는 김혜자 선생님 중심으로 흘러갔다고 보진 않습니다.

전 개인적으론 다름 아닌 그 점이 영화 〈마더〉의 한계라고 보고 있다. 당장 연기 면에서 제대 후 첫 번째 영화였던 원빈이 가렸고, 가히 '발견'이라고 해도 과언이 아닐, 발군의 연기를 펼친 진구도 가렸다.

봉 저는 가려졌다는 표현은 적절치 않다고 생각합니다. 선생님 께서도 "발견이라고 해도 과언이 아닐, 발군의 연기"라고 이미 진구 에 대해서 평을 해주셨듯이, 그런 비율로 그렇게 드러났어야 할 연 기라고 생각이 들고요. 역시 영화의 중심에는 김혜자 선생님, 모든 것이 김혜자 선생님으로 돌아가는 우주, 엄마의 시점에서 진행되는 영화이기 때문에, 그것이 한계라고 생각하지는 않고 애초에 설정된 성격이라는 생각이 듭니다. 그 틈새에서 원빈 군과 진구 군도 좋은 연기를 해서 자신들이 보여줘야 할 비중만큼 저는 보여줬다고 생각 을 하고요. 원빈 군에 대해서는 한국이나 일본의 관객이나 평자들 이 접근하는데 좀 어떤 편견이 있지는 않았나 생각합니다. 꽃미남 배우로 워낙 유명해서. 스페인 세바스찬영화제나 미국의 뉴욕영화 제 상영 당시에는 끝나고 Q&A나 기자회견 때, 기자 분들이 원빈 군 에 대한 질문이 많았습니다. 모호한 성격에 독특한 캐릭터(아들 캐릭 터가)인데 남자배우가 훌륭하게 연기를 했다. 그 배우가 누구냐. 원 빈이라는 배우에 대해서 알려 달라. 그쪽은 한류 스타, 꽃미남 배우 이런 사전 정보가 전혀 없고, 편견이나 선입견이 없기 때문인지 원 빈 씨의 연기 그 자체에서 좀 더 평가를 해주었던 기억들이 납니다.

전 뿐만 아니다. 좌담 때 나온 얘기들이지만, 소설가 전성태씨는 엄마가 토할 때 변기 뚜껑이 머리를 친다든지 하는 연출의 디테일을 들어 영화에 대한 호의를 피력했고, 시인 송찬호씨는 음악 효과를 각별히 높이 평가했다. 그런 시청각적 미덕들은 충분히 평가 받지 못한 것 같은데…감독으로서 김혜자 요인 외에 평자들이 꼭 짚어주면 좋겠는데 짚지 않은 것들이 있는가. 혹 영화와 연관된 참을 수 없는 오해들은 없는가? 물론 해석은 해석하는 쪽의 몫이지만 말이다.

봉 지금 이렇게 평가를 해주셨네요. 이거 자체로 된 것 같고, 특히 변기뚜껑이 머리를 툭치는 디테일은 저도 아주 좋아하는 부분입니다. 우연히 그렇게 됐는데, 그 테이크에서만 그렇게 됐죠. 그래서 편집 때 그 테이크를 골라서 썼습니다. 아주 재밌는 디테일이죠.

창조적인 오해들은 즐겁습니다. 영화 전체를 원빈의 복수극으로 보는 네티즌 리뷰가 회자된 적이 있었는데, 그것은 물론 과한 해석이었지만, 2008년 1월 당시, 제가 시나리오 작업할 때 제 시나리오 노트에 보면 저 또한 그런 표현을 쓴 적이 있습니다. 조금 극단적인 해석이지만, 이것은 아들 도준의 복수극으로 해석할 수도 있겠다. 물론 계획적으로 복수를 했다는 것은 아니지만 결과적으로 그렇게 볼 수도 있다고 생각합니다. 다섯 살 때 농약 박카스를 먹여서 동반 자살을 하려고 했던 끔찍한 트라우마적인 사건이 있는데, '동반 자살'에 대해서 '동반 살인'으로 대답한 것 아니냐. 사악한 악마적인 해석이지만 결과적으로 그렇게 볼 수도 있다, 라고 써놓은 노트가 있습니다. 물론 네티즌의 원빈 복수극 이런 것은 익스트림하게, 모든 게 의도적인 것처럼 과장돼 있긴 하지만 재미있었습니다. 창의적인 오해들은 즐거운 일인 것 같습니다.

시청각적 미덕들은 글쎄요. 충분히 평가를 못 받은 부분은 아니고 이병우 감독님이 부일영화상이나 부산영평상에서 음악상을 받으셨고, 홍경표 촬영감독님도 많은 영화상에서 촬영상 후보로 오르고 부산영평상 등 촬영상도 수상을 하셨고요.

전 영화는 내러티브는 물론 비주얼 층위, 사운드 층위, 주제 층위 등 다양한 층위들의 조화, 갈등, 종합의 결과물이다. 그럼에도 연출에서 조금이라도 더 역점을 두는 층위가 있다면? 〈마더〉에서는?

봉 아직 제가 영화를 네 편밖에 못 찍은 여전히 초짜 감독이라서⋯사실 영화가 네 편밖에 안 되기에 그걸 일반화해서 나름의 저의 연출론이라든가 제가 조금이라도 더 역점을 두는 층위가 뭘까, 이렇게 일반화해서 말씀드리기가 힘듭니다. 부끄럽습니다만 그렇게 접근하는 게 쑥스럽고요. 저도 잘 모르겠습니다. 〈마더〉라는 개별 작품에서 놓고 봤을 때는 글쎄요. 저는 내러티브와 이미지라는 층위가 분리돼서 생각되진 않습니다. 영화를 제가 직접 시나리오를 항상 쓰기 때문이지요. 〈마더〉도 제가 직접 쓴 시나리오지만, 시나리오는 사실 그걸 글로 써서 스태프나 배우들과 영화를 준비할 때 교감하기 위해 쓰는 도구일 뿐이라고 생각하고요. 사실은 이미 시나리오를 쓸 때 제 머릿속에서는 구체적인 장면들, 이미지들, 그 다음에 그와 얽힌 사운드들이 머릿속에 뒤엉켜 있습니다. 반대로 그걸 글로 풀어내는 거죠. 나중에 다시 그것이 장면이 되겠지만, 편리한 글이라는 도구로 시나리오를 써내려가서 스태프들과 공유하는 것이지만 사실 제 머릿속에서는 이미 이미지와 사운드 형태로 존재한다고 봐야 될 것 같습니다. 시나리오를 직접 쓰는 감독들은 아마 다 그렇지 않을까 싶은데요. 그래서 내러티브와 비주얼, 사운드 이런 것을 구분해서 생각하기가 쉽지 않습니다. 단 주제를 향한 집중력, 제가 늘, 특히 〈마더〉에서 많이 염두 해두었던 부분입니다. 〈괴물〉은 좀 퍼져나가는 영화라고나 할까요. 여러 가지 풍자의 층위들이나 풍자의 방향들이 시스템에 관한 것, 한국사회, 미국에 관한 것, 가족에 관한 것 등 흩어지는…그런데 이번엔 '마더'다. 김혜자. 마더. 어떻게 거기 한 지점에 집중할 수 있을까. 인물의 집중력이기도 하고 주제의 집중력이기도 한데, 그 집중력을 어떻게 하면 흐트러지지 않을까에 많이 중점을 두었던 영화였습니다.

전 촬영 및 음악 등 사운드 연출, 편집 등에서 해당 감독들의 의

견은 얼마나 반영하는가?

봉 물론 좋은 아이디어들은 항상 반영하려고, 귀를 열어놓으려고 애를 쓰고요. 한데 그들의 의견 또한 제가 그분들에게 자극을 주거나 어떤 영감을 주거나, 영감의 소스를 제공하거나, 구체적인 방향을 제시하거나 한 것이 저한테 또 피드백이 온 것이기 때문에 끊임없는 상호작용인 것 같습니다. 그래서 항상 영화가 완성되면 이게 처음에 누구의 것이었는지 뭐 어떻게 서로 뒤엉켜진 것인지 생각이 안날 때도 있습니다. 하지만 저는 최대한 감독이 촬영, 음악, 편집, 같이 일하는 모든 아티스트들에게 많은 것을 제공해야 한다고 생각합니다. 감독의 의무이자 역할이고요. 명확한 자기 비전이 있어야 하고, 그것을 구체적으로 디테일하게 제시해야 한다고 생각합니다.

전 〈플란다스의 개〉부터 〈살인의 추억〉〈괴물〉〈마더〉에 이르는 필모그래피를 보면, 소재 및 주제에서 공통점보다는 차이점이 더 눈에 띈다. 그 점은 가령 동어반복적 소재를 끊임없이 변주하는 홍상수 감독과 대조적인데 의식적인 것인가, 하다 보니 그렇게 된 건가?

봉 하다 보니 그렇게 된 측면이 강하겠죠. 몇 편의 영화를 돌이켜보면 그 시점에 저 자신에 관심사라든가 개인적인 욕구나 충동이나 내가 처해 있던 상황들이 많이 반영돼 있다는 생각이 듭니다. 운 좋게 저는 제가 계획한 영화들을 네 편 다 찍을 수 있었습니다. 엎어지거나 중간에 변동이 생기거나 한 적이 없었고요. 기획자나 프로듀서가 제시한 프로젝트가 아니라 제 스스로 기획한 프로젝트를 했기 때문에 행운이었죠. 그러다보니까 이제 와서 돌이켜보면 그 당시에 저의 어떤 영화적인 충동이나 욕구에 의해서 이런 필모그래피들이 나왔던 것 같고요. 늘 변화하고 싶습니다. 그 과정에서 이제 제가 제일 잘 할 수 있는 것이 무언인가 찾아가는 과정인 것 같습니다.

전 봉 감독 영화의 으뜸 미덕을 나는 시대성과 개인성의 결합에서 찾는다. 지난 10년 나만의 한국 영화 베스트 10을 작성하며, 고심 끝에 〈살인의 추억〉을 1위작으로 선정한 것도 무엇보다 그래서였다. 그것은 내 삶의 신념이요 철학이기도 한데, 영화에서 그런 문제의식을 의식적으로 담으려 하는 것인가. 아니면 우연인가?

봉 그렇게 얘기해주셔서 일단 너무 감사하고요. 물론 우연은 아니고요. "한국 사회나 시대나 역사에 대해서 다루고 싶어 하나?"라는 질문을 해외에서도 많이 받습니다. 저는 그때 항상 대답하기를 "사실은 아니다. 저는 개인의 관심에서 출발한다."라고 대답을 합니다. 그런데 개인 자체가 특히 한국사회는 더 그렇지만 사회와 분리할 수 없을 정도로 복잡하게 뒤엉켜 있기 때문에, 어떤 한 개인을 구체적으로 세밀하게 접근하다 보면 자연스럽게 한국사회 모습들이 거기에 끌려나오게 되는 것 같습니다.

전 전자라면, 대학에서 전공한 사회학과 관련이 있는가?

봉 저는 사회학을 전공했지만, 모릅니다. 전공 수업을 잘 안 들어가고 영화 동아리에서 많은 시간을 보냈기 때문에. 대신 사회학과에서 같이 어울렸던 친구들이 소중한 기억으로 남습니다. 그 친구들에게서 사회에 대한 많은 것을 배웠던 것 같습니다. 사회학, Sociology…모르겠습니다. 저의 두뇌 지능으로는 종착하기 힘든 학과목이었습니다.

전 최근 '아바타 열풍'으로 인해 3D가 시대의 대세로 부상할 조짐이다. 시도해볼 계획이 혹 있는지?

봉 모르겠습니다. 공부는 시작해봐야겠습니다. 시대에 대세가 될지 안 될지 글쎄 잘 모르겠습니다. 그런 거 예측을 잘 못하는 편이라서요. 좀 걱정되는 것은 3D라는 것이, 예를 들어 우리가 디지털 방식으로 색 보정하거나 편집할 때는 오퍼레이터나 그쪽 슈퍼바이저들한테 의존하면 되는 것이었고 연출의 본질은 바뀌는 것이

별로 없었는데, 2D에서 3D로 간다고 했을 경우에는 숏과 숏을 연출하고 배열하는 감독의 어떤 연출의, 기본적인 배우와 카메라 움직임, 동선을 짠다거나 숏과 숏을 어떻게 배열하고 커트할 것인가, 이런 연출의 근원적인 부분에 관련된 것이어서, 감독이 짊어져야 할 짐 내지는 시각의 변화가 많이 요구되는 것이어서 쉽지 않은 문제인 것 같습니다. 〈아바타〉(2009) 같은 경우는 또 제임스 카메론 감독이 무려 십 몇 년간을 준비해서 선보여주는 것인데 강력한 역작이고, 얼마 전에 봤습니다만, 아주 재미있게 봤습니다. 아주 뛰어난 액션 연출과 놀라운 컴퓨터 그래픽, 3D가 아니라 2D였어도 아마 대성공하지 않았을까 추측될 정도로. 비록 심플하지만 스토리도 관객들의 욕구를 충분히 자극할 만한 준수한 스토리였고 캐릭터의 묘사도 훌륭했고요. 컴퓨터 그래픽과 액션의 연출은 아주 압권이었습니다. 그런데 그게 제임스 카메론이 아주 오랜 시간 십년 넘게 준비해서 선보인 역작인데, 관객들의 눈높이는 이미 충격적으로 거기에 맞춰져 버렸고, 이후에 나와야 될 영화들, 3D를 준비하는 사람들에게는 무척 부담스러운 상황이 된 것 같습니다.

전 이제 마무리 질문을 하겠다. 미국에 있다, 고 들었는데 차기작 〈설국열차〉 준비 차인가? 어떤 영화인지 간단히 소개해 달라.

봉 프랑스 만화를 원작으로 한 영화이고요. 프랑스 그래픽노블이라고 하죠. 프랑스 SF그래픽 노블입니다. 지구에 어떤 새로운 빙하기가 닥쳐와서 지구 전체가 꽁꽁 얼어붙고 사람이 살 수 없게끔 눈과 얼음으로 뒤덮여 얼어붙고 생존자들이 달리는 기차에 타고 있습니다. 기차 안에서 사람들이 서로 싸웁니다. 격렬한 SF 액션영화가 될 것 같습니다.

전 진척 상황은?

봉 현재 제가 직접, 본격 각색 작업 중입니다. 그리고 약간의 핵심 비주얼들도 미리 준비해가고 있습니다.

전 박찬욱 감독의 제작사 모호필름에서 제작하는 걸로 알고 있다. 제작자 박찬욱과 감독 봉준호의 만남이라 더욱 큰 기대를 모을 수밖에 없는데 언제 어떻게…함께 하기로 한 건가?

봉 말씀하신 것처럼 박찬욱 감독님의 제작사인 모호필름이 프로덕션을 맡고 있습니다. 그런데 사실 박 감독님은 본인 연출작도 준비하고 계셔서 어떻게 보면 전체 큰 틀에서의 제작자이신거고요. 구체적으로 저랑 또 일하는 프로듀서 분들은 따로 포진이 될 것 같습니다. 같이 일하기로 출발한 것은 〈설국열차〉를 매개로 한 것은 아니었고요. 2004년도였나요 2005년도 초였나, 박찬욱 감독님이 모호필름을 설립하시면서 "봉 감독 우리 회사에서 꼭 한 작품 하자."라고 말씀을 하시면서, 저도 박찬욱 감독님의 팬이고 좋아하는 선배님이셔서 "네, 하죠." 이렇게 얘기가 되었었습니다. 그게 그냥 전부였습니다. 그래서 지금 이렇게 함께 하게 되었습니다.

2005년에 제가 자주 가는 홍대 앞에 만화가게가 있었습니다. 워낙 만화 팬이기 때문에 정기적으로 만화 쇼핑을 하러가는데 거기서 〈설국열차〉를 우연히 발견하고 매혹이 돼서, 서점에서 그 자리에 선 채로 다 읽었습니다. 그리고 이것을 영화로 해야겠다는 생각이 들었습니다. 몇 달 후에 박찬욱 감독님께 보여드리고, 어차피 한 작품 모호필름에서 하기로 했는데 이건 어떻겠습니까, 라고 얘기를 했더니 박찬욱 감독님이 좋다, 라고 하셔서 판권 구입을 진행하셨죠.

전 마지막 질문을 하겠다. 최근 한국영화아카데미 개편 등을 둘러싼 문제가 불거지고 있다. 아카데미 출신 감독으로서 할 말이 많을 텐데….

봉 간단히 말해서 영화아카데미가 지금처럼 존속이 잘 되었으면 좋겠습니다. 제가 꼭 동문이라서 모교가 없어지는 게 싫다, 라는 게 아니라 지금 영화아카데미만이 하는 좋은 역할이 있는 것 같습니다. 물론 많은 대학교에 훌륭한 영화과들도 많고 국립 영상원도 있습니다만, 영화아카데미는 작은 규모의 효율적인 조직이고 나름의 개성 있는 프로그램을 잘 운영 개발해왔다고 생각합니다. 대표적인 예가 백승빈 감독의 〈장례식의 멤버〉(2009)같은 장편 실습과정, 디지털 장편 영화인데 훌륭했습니다. 그런 장편 실습의 영화를 만들어 낼 수 있는 학교가 영화아카데미라고 저는 생각을 하고요. 꼭 저의 모교나 동문이어서가 아니라 그런 나름의 역할을 작은 학교지만 잘 수행하고 있기 때문에, 또 영화진흥위원회의 가장 훌륭한 성공 사업이기도 하고요. 굳이 왜 없앨 필요가 있을까?, 이런 생각이 듭니다. 기존의 영화과 학교들과 영상원과 조화롭게 잘 공존할 수 있고요, 지난 시간 동안 잘 공존해 왔고요. 없앤다고 해서 그게 도대체 무슨 의미가 있을까, 이런 생각이 듭니다. 그냥 지금처럼 잘 존속하면 좋겠습니다.

전 바쁠 텐데 시간 내 줘 감사하다.

이렇게까지 성실하고 꼼꼼하게 답하리라고 예상하진 않았다. 워낙 바쁜 일정을 소화해야 할 터라, 간단히 답만 해줘도 고맙겠다, 싶었던 것이다. 그런데도 그는 다음과 같이 말하며 끝맺음을 했다.

여기까지입니다. 늦게 보내드리게 돼서 너무 죄송하고요. 혼자 중얼거리느라 뻘쭘하긴 했습니다만, 베를린에서 나머지 시간 즐겁게 보내시길 바랍니다. 감사합니다.

이 자리를 빌려 다시 한 번 봉 감독에게 축하와 고마움을 전한다.

Ⅲ. '봉월드' 이해를 위한 보론들

봉준호에게 배울 점은 실력보다 태도 · 가치관

　　한국영화 100주년이었던 지난해 '한국 영화사를 결정지은 변곡점(Turning Point)적 사건 10'을 꼽으면서, 그 마지막 10번째 사건으로 〈기생충〉의 칸 황금종려상 수상을 꼽았다. "한국영화와 아시아 영화는 물론 세계 영화사의 어떤 흐름을 뒤바꿀 역사적 쾌거!"라면서.(중략)

　　일말의 '잘난 척'에 양해를 구하며 말해보면, 필자의 진단은 적중했다. 그 결정적 증거가 〈기생충〉의 아카데미 4관왕 등극이다. 24개 중 중요치 않은 부문이야 없겠지만 작품, 감독, 각본에 이르는 핵심 세 부문을 다 거머쥔 것도 2015년의 〈버드맨〉 이후 5년만이다. 감독은 알레한드로 곤잘레스 이냐리투. 미국 트럼프 대통령이 그토록 싫어해 장벽까지 세우며 차별하고 있는 멕시코의 멕시코시

티 출신 명장이다. 〈셰이프 오브 워터: 사랑의 모양〉으로 2018년 90회 오스카 시상식에서 작품상, 감독상, 음악상, 미술상 4관왕에 올랐던 기예르모 델 토로가 멕시코 태생이듯이.

이냐리투는 해외에서의 '기생충 신드롬'에 으뜸 계기를 제공해 준, 고마운 일등공신이기도 하다. 뭔 소리냐고? 2019 칸 경쟁 심사위원장이었으니, 어찌 그렇지 않겠는가. 단언컨대 이냐리투는 〈기생충〉이 칸 영예를 차지할 수 있었던 결정적 변수였다. 2004년 〈올드보이〉(박찬욱)가 칸 심사위원대상을 거머쥐는데 쿠엔틴 타란티노가 그랬듯. 세계는, 우리네 관계는, 호모 사피엔스의 삶과 죽음은 이렇듯 '연결'돼 있다. '초연결사회'(Hyper-connected Society)나 '나비효과'(Butterfly Effect) 등의 개념은 괜한 수사가 아닌 것이다.

과도한 '봉테일찬가'라 핀잔을 던져도 하는 수 없다. 봉준호 그는 그런 인류의 현실과 미래, 역사를 그 누구보다 선명히 인지하고 사유·실천해온 영화감독이다. 봉준호가 작금에 일구고 있는 역사적 성취는 따라서, 작가·감독으로서 천부적 능력이나 실력 이전에, 탄탄한 인문적 기본기와 그 나름의 배려·겸손 등 덕목들이 토대를 이루는 세계관·인간관의 종합산물이지 않을까 싶다.

필자는 그 동안 봉준호 감독과 총 세 차례의 인터뷰를 했다. (이미 2부 인터뷰들에서 밝혔으나) 첫 번째 인터뷰는 〈마더〉가 2009년 선보인 한국영화 중 최고작으로 선정돼, 『2010년 '작가'가 선정한 오늘의 영화』에 싣기 위해 했을 때였다. (중략) 그때 그는 답변이 늦어

죄송하다는 사과와 함께, 더 이상 성실할 수 없을 답변을 음성파일로 보내왔다. 그 꼼꼼한 답변은 내게 '감독 봉준호'를 넘어 '인간 봉준호'에 새삼 주목케 한 어떤 모멘텀이었다.

〈살인의 추억〉이야 〈기생충〉 이전 21세기 최고 한국영화로 손꼽아왔으나, 〈괴물〉이나 〈마더〉는 〈살인의 추억〉만큼 인정하지 않아왔던 터라 그 모멘텀은 내게 봉준호를 다시 바라보고 사유하게 하기 모자람 없었다. 그 이후 봉준호는 내게 감독 이전에 인간으로서 함께해왔다.

그 인터뷰에서 그는 말했다. "늘 변화하고 싶습니다"라고. 그 변화는 〈설국열차〉로 다가왔다. 영화는 『2014년 '작가'가 선정한 오늘의 영화』에서 또다시 최고 한국영화 수상작으로 선정됐다. (중략) 세 번째는 칸 황금종려상을 거머쥔 이후, 출간 예정인 봉준호 단행본을 위해 한 인터뷰였다. 그때 그는 '신체 탈진+영혼 가출'(봉 감독이 직접 보내온 자신의 상태를 묘사한 표현이다) 와중에도, 특유의 성실함·꼼꼼함으로 인터뷰어를 다시금 감탄케 했다.

필자는 생생히 기억하고 있다. 세 번째 인터뷰에서 〈기생충〉에 대해 "수십 년 동안 역대 1위로 꼽은 김기영 감독의 〈하녀〉를 넘어섰다고 주저 없이 평가한 유일한 영화라고 극찬하고" 있으며, "그것이 〈기생충〉에 대한 내 최종 평가"라고 했더니, "김기영 감독님보다요? 에이 그럴 순 없죠"라고 답해 한바탕 웃었던 때를. 명색이 30년 가까이 활동해온 평론가의 평가를 일거에 사양하는 겸양이랄까. 나

는 그의 그 겸양을 받아들여 여전히 한국영화 역대 1위작은 〈하녀〉
로, 〈기생충〉을 2위에 위치시키고 있다.

그때 그 겸양은 그저 위선적 제스처가 아니었다. 그 증거들은 이
번 오스카 시상식에서도 어김없이 드러났다. 작품상 수상 후 끝내
마이크를 잡지 않은 데에서, 단적으로. 그 전에 각본상, 국제장편영
화상, 감독상 수상 때 이미 소감을 피력했다 할지라도 그 함의에서
그 세 소감을 합쳐도 작품상의 그것에는 미치지 못할 터이거늘, 그
는 자신이 받아 마땅한 그 스포트라이트를 공동 제작자 곽신애 바
른손 대표와 책임 프로듀서(CP)인 이미경 CJ 부회장 등에게 돌렸
다. 뿐만 아니다. 기회 있을 때마다 그는 공을 함께 한 배우들과 스
태프들에게, 심지어 통역과 번역을 한 이들에게까지 돌려왔다. 비
단 정치권에서만이 아니다. 지금껏 살아오면서 나는 그런 감동적
사양·겸양을 목격·체험한 적 없다. 놀랍지 않은가.

서면이 한번 포함되어 있긴 해도 한 감독과 한 평론가가 10년에
걸쳐 세 번에 걸친 인터뷰를 했다는 것은, 개인적으로도 특별한 함
의를 띠지 않을 수 없다. 그래서인지 지금 이 순간 감회가 한층 더
남다르다고 말하지 않을 수 없다. 지나치게 주관적·추상적으로 비
칠지언정, 이 역설을 하면서 이 특별원고를 마치련다. 감독·인간
봉준호에게 우리가 뭔가를 배우려 한다면, 그것은 그의 실력보다는
그의 태도·가치관이리라고…….(아시아엔 2020. 02. 13)

'스타일의 노예' 거부하는 아시아영화 세 거장…
봉준호-지아장커-마흐말바프의 공통점

　　2013 아메리칸필름마켓(AFM, 11월6일~13일) 참석 차 미국에 머물고 있는 요 며칠 새 세 명의 감독이 똬리를 틀고 앉아 뇌리를 떠나지 않는다. 한국의 봉준호, 중국의 지아장커(賈樟柯), 이란의 모흐센 마흐말바프(Mohsen Makhmalbaf) 감독이 그들이다. 세 나라는 물론 '아시아영화'를 대표하는 명실상부한 명장 내지 거장들이다.

　　그들은 최신작을 들고 제18회 부산국제영화제(BIFF, 10월3일~12일)를 찾아 각국 대표급 감독들의 발걸음이 잦았던 올 BIFF를 한층 더 빛냈다. 갈라 프레젠테이션에서 선보인 〈설국열차〉, 아시아영화의 창 〈천주정(天注定, A Touch of Sin)〉, 와이드 앵글 부문 다큐멘터리 쇼케이스 〈그의 미소〉가 그들 작품이다.

〈설국열차〉는 비록 국내에서 1,000만 고지를 넘지 못하고 930만 관객 동원에 그쳤지만, 봉준호가 한국과 아시아를 넘어 세계적 스타 감독 대열에 입성했음을 웅변하는 증거로서 손색없다. 특히 크리스 에반스, 틸다 스윈튼, 존 허트, 제이미 벨 등 세계 배우들을 요리하는 솜씨가 가히 일품이다.

봉준호가 〈설국열차〉를 통해 새로운 출발을 천명했듯 〈천주정〉역시 지아장커의 인상적 변신을 예시한다. 타란티노를 연상시키는, 일찍이 볼 수 없었던 폭발적 내러티브와 스타일은 2013년 세계 영화계의 센세이션이라 평할 만하다.

지난 해 단편 〈주리〉를 통해 영화감독으로 변신을 꾀하기도 한 김동호 BIFF 명예위원장에 대한 50여 분의 다큐 〈그의 미소〉는 마흐말바프 감독의 전투적 영화 이력에서 다소 비켜서 있다는 점에서 인상적이다. 김 위원장의 오랜 친구인 마흐말바프 감독은 '우정 어린 시선'으로 그의 과거와 현재를 변치 않는 그의 일상과 미소 속에 담아냈다.

위 세 감독이 지금 내 뇌리를 점령하고 있는 까닭은 그들이 연출한 영화가 문제적 수작이라거나, 그 수작들이 선사한 감흥이 커서가 아니다. 그들이 3국의 대표 감독들이어서도 아니다. 그보다는 이 3인에게서 일찍이 인지하지 못했던 일련의 공통점을 감지해서다.

감독으로서의 위상, 스타일 등에서 차이점 도드라져

사실 이들 세 감독은 유사점 못지않게 차이점이 도드라진다. 무엇보다 봉준호와 비교해 다른 두 감독은 흥행 감독은커녕 주류 감독조차 아니다. 이 땅의 메이저 중 메이저인 봉준호에 대해서는 새삼 말할 필요 없을 듯. 지아장커는 중국 영화를 대표한다고 해도, 지독한 비주류의 '지하전영'을 통해서다. 제3회 BIFF 뉴 커런츠 수상작인 장편 데뷔작 〈소무〉를 위시해 2006년 베니스영화제 황금사자상 수상작 〈스틸 라이프〉, 올 칸영화제 각본상 수상작 〈천주정〉까지 예외가 없다. 압바스 키아로스타미의 걸작 〈클로즈업〉(1990) 등에서 보이듯 마흐말바프는 영화감독만이 아니라 시인으로도 국민적 사랑을 받아왔으나, 흥행과는 다른 차원의 사랑이요 인기다.

1957년생인 마흐말바프는 10대부터 반정부운동을 하다 문화예술 분야로까지 활동영역을 확장한 정치 행동가요 현실참여 예술가다. 그 점에서 이란을 대표하는 또 다른 감독인 키아로스타미와는 전혀 다른 노선을 견지해왔다. 그는 예나 지금이나 종교적 근본주의에 의해 국가통치가 좌우돼온 이란 당국에게 눈엣가시 같은 존재다. 부인을 비롯해 아들과 두 딸에 이르기까지 모두 영화인의 길을 걷고 있는 그는 현재 거의 망명에 가까운 삶을 영위하면서 영화 작업을 계속하고 있다. 〈그의 미소〉도 그런 맥락에서 바라볼 때 참맛이 우러난다. 이렇듯 세 감독은 한 데 묶을 일말의 정치적 색채와

강도에서 크고 작은 차이를 보인다.

영화 스타일 면에서도 그들은 확연한 차이를 보인다. 봉준호의 스타일은 단적으로 친 내러티브적이며 역동적이다. 두 감독과는 달라도 정말 다르다. 지아장커는 이번 신작을 통해 봉준호 못잖은 역동성을 뿜냈으나, 그 동안은 '정중동'의 성찰적 스타일로 달려왔다. 마흐말바프는 정치적 급진주의부터 비판적 현실주의, 시적 탐미주의(《가베》)에 이르기까지 셋 중 가장 폭넓은 스펙트럼을 펼쳐왔다. 이러한 개성적 스타일이 세 감독의 영화적 위상을 공고히 했음은 두말할 나위 없을 터.

영화의 존재이유를 잊지 않는 영화

다시 강변컨대 이런 차이에도 불구하고 세 감독에겐 뚜렷한 공통성이 발견된다. 우선은 협의의 정치성을 넘어서는 확연한 사회성이 그것이다. 관조성, 탐미성 등의 외피에도 아랑곳없이 그들의 영화는 개인적 층위를 넘어 사회를 발언하고 지향한다. 크고 작은 사회성이 영화텍스트를 관통한다. 그러면서도 결코 개인을 억압하거나 희생시키질 않는다. 언제나 개인사로 사회를 말하면서, 개인이 살아 숨 쉬는 개체로 존재한다. 결코 구현하기 쉽지 않은 그들의 크디 큰 영화적 덕목이라 일컫지 않을 수 없다.

그들의 영화를 통해 인물이 처한 시대는 말할 것 없고, 그 인물을 바라보는 관객이 위치한 시대를 목격하고 느끼고 읽게 한다는 것도 주목해야 할 공통점이다. 영화는 어느 정도 시대를 반영하거나 시대를 선도해야 마땅하다. 하나 세상의 너무나 많은 영화들이 그런 본분을 망각한 채, 탈·비시대적 탈선에 빠져들곤 한다. 세 감독은 그런 탈선을 허용치 않는다. 시대와 무관한 듯 비치는 영화에서도 한결 같다. 시대적 기호로서 영화의 역할, 기능을 잊지 않는다는 것, 그 얼마나 소중한 덕목인가.

개인적으로 가장 높이 평가하는 그들의 공동 덕목은 그러나 다름 아닌 이것이다. 그들이 '태도로써 영화'의 소중함을 끊임없이 상기시키며, 그런 영화를 빚어내 세상에 내놓는다는 것! 태도로써 영화? 그것은 맹목적 영화 지상주의나 순혈주의에 사로잡히지 않고 영화의 존재이유나 목적을 잊지 않는 영화를 일컫는다. 영화 속에서 사람과 삶과 죽음이 생동하는 영화. 세 감독은 맹목적으로 자신의 영화 스타일의 노예가 되는 법이 없다. 영화적 현학을 과시하는 법도 없다.

태도로써 영화는 그들의 일상적 태도를 통해서도 드러난다. 그 사례를 이 지면에서 들긴 주저되나, 인간을 향한 일말의 예의, 배려 등을 통해 그런 태도와, 태도로써 영화를 통해 그들은 우리들에게 사유를 권유하고 자극한다. 흥미롭지 않은가. 아름답지 않은가. 감격스럽지 않은가. 그들이 아시아영화의 창조자라는 사실이? (아시아엔 2013. 12. 02)

올해 칸에서 봉 감독은 낭보를 전할 것인가
미리 보는 제72회 칸영화제

봉준호 감독의 〈기생충〉은 과연 본상 수상의 영예를 안을 수 있을까? 다분히 선정적이요 저급한 질문이라 해도 하는 수 없다. 제72회 칸영화제(2019.05.14~05.25)를 맞으며, 봉 감독을 좋아하는 이들이라면, 영화 관계자들이건 팬들이건, 국내외를 막론하고 품지 않을 수 없을 우선적 기대일 법하다.

1997년부터 2017년까지 1999년을 제외하곤 19차례 칸영화제를 찾았던 소위 '칸 전문가'(?)로서 내 답변은 "반-반"(半-半)이다. 객관적으로는 무리다. 감독도 국내 기자회견에서 수상을 기대하지 않으며 초대만으로도 영광이라는 의견을 밝혔는데, 그것은 립서비스가 아니라 진심일 터인 탓이다. 명실상부 칸의 하이라이트인 경쟁 부문 진출작들의 면면이 그만큼 화려하고 빵빵한 것. 놀라지 마시라. 총 21편의 경쟁작들 중 무려 5편의 감독들이 이미 황금종려상 등 칸 최고상을 거머쥔 거장·명장들이다.

'어벤져스'급 감독들의 출사표

〈미안해요, 리키〉(Sorry We Missed You)의 켄 로치 감독을 필두로 〈영 아메드〉의 장 피에르·뤼크 다르덴 형제, 〈히든 라이프〉의 테렌스 맬릭, 그리고 1차 발표 때가 아니라 추가로 초청된 〈원스 어폰 어 타임 인 할리우드〉의 쿠엔틴 타란티노와, 〈메크툽, 마이 러브: 인터메조〉의 압델라티프 케시시가 그 주인공들이다. 이들 중 켄 로치와 다르넨 형제 감독은 두 차례나 칸을 정복했었다. 각각 〈나, 다니엘 블레이크〉(2016년)와 〈보리밭을 흔드는 바람〉(2006년), 〈로제타〉(1999년)와 〈더 차일드〉(2005년)였다. 맬릭은 〈트리 오브 라이프〉(2011년)로, 타란티노는 〈펄프 픽션〉(1994년)으로, 케시시는 〈가장 따뜻한 색, 블루〉(2013년)로 황금종려를 쏜바 있다. 내가 기억하는 한 일찍이 이렇게 다수의 쟁쟁한 황금종려상 수상자들이 그 상을 향해 이렇게 열띤 자웅을 겨룬 적은 없다. 2019 칸의 최대 관심사는 따라서 이들 중 그 누군가 최종 승자가 될 것인가 여부에 쏠릴 게 틀림없다.

화제의 초점은 물론 그들만이 아니다. 제목에서부터 이미 좀비 스토리임을 천명하는 개막작 〈데드 돈 다이〉(The Dead Don't Die)의 짐 자무쉬나, 켄 로치 등과 더불어 현존 최고의 유럽 감독이라 할, 〈페인 앤 글로리〉의 페드로 알모도바르, 베르나르도 베르톨루치나 타비아니 형제 등에 가려와서 그렇지 그 영화적 수준·영향력 등에서는 이탈리아 뉴 웨이브의 숨은 고수라 할, 〈배신자〉의 마르코 벨로키오, 현 프랑스 영화의 자랑 중 한명인, 〈오 머시!〉의 아르노 데스플레생, 팔레스타인 영화의 보물인, 〈머스트 비 헤븐〉(It Must Be Heaven)의 엘리아 술레이만, 오스트리아가 낳은 최대 거장 미카엘 하네케 감독의 적자인, 〈리틀 조〉의 예시카 하우스너, 2007 칸 황금종려상(〈4개월, 3주…그리고 2일〉)에 빛나는 크리스티안 문쥬 등과 함께 루마니아 영화의 현재이자 미래로 간주되어온, 〈더 휘슬러스〉의 코르넬리우 포룸보이우, 평론가 출신으로 두 번째 장편 〈아쿠아리우스〉로 2016 칸에 입성하며 월터 살레스(〈모터싸이클 다이어리〉, 〈중앙역〉)에 이어 브라질 영화를 대표하는 명장으로 급부상한, 〈바쿠라우〉의 클레버 멘돈사 필로(줄리아노 도르넬레스 공동 연출), 그리고 이제 갓 30을 넘은 어린 나이세 이미 '칸의 총아'로 위상을 굳힌, 〈마티아스와 막심〉의 '타란티노의 캐나다 버전' 자비에 돌란 등도 크고 작은 화제를 불러일으킬 공산이 크다.

8년간의 무관행진 종지부 찍을까

봉준호 또한 상기 감독군 중 한명임은 두 말할 나위 없다. 엄밀히는 미국 영화인 〈옥자〉(2017)에 이은 신작으로 두 번째 칸 경쟁작 대열에 진입한 '칸의 총아'. 그는 〈백일염화〉로 2014년 베를린 황금곰상과 은곰상(남우주연상: 리아오판)을 거머쥐는 파란을 일으킨 디아오 이난과 함께, 아시아의 영화의 자존심을 살려야 하는 막중한 임무(?)을 띠고 있다 해도 과언이 아니다. 위에서 반반이라고 했으나, 역설적으로 봉 감독의 수상 가능성을 다소 높게 점치는 것은 그래서다. 21편 중 두 편밖에 되지 않는 아시아 영화니, 어찌 남다른 주목을 끌지 않을 수 있겠는가. 더욱이 〈기생충〉은 칸이 전통적으로 선호해온 가족 드라마 아닌가. 전원 백수로 살 길이 막막하나 사이만은 나쁘지 않은 기택(송강호) 가족. 장남 기우(최우식)에게 명문대생 친구가 연결시켜 준 고액 과외 자리는, 모처럼 싹튼 고정 수입의 희망이다. 온 가족의 도움과 기대 하에 기우는 박사장(이선균) 집으로 향하는데, 글로벌 IT기업 CEO인 박사장의 저택에 도착하자 젊고 아름다운 사모님 연교(조여정)가 기우를 맞이한다. 그러나 이렇게 시작된 두 가족의 만남 뒤로, 걷잡을 수 없는 사건이 그들을 기다리고 있다….

영화를 미처 보지 못했으니, 평할 수는 없는 노릇. 하지만 간단한 줄거리 소개만으로도 흥미를 끌기 모자람 없다. 예고편으로 짐작컨대 영화의 분위기나 스타일 역시 큰 호기심을 유발시킨다. 감독이 역설했듯 대한민국 특유의 문맥(Context)을 칸 경쟁 9인 심사위원단이 충분히 따라갈 수 있을까, 싶긴 하나 그런 백수 가족 이야기가 어찌 우리네 대한민국의 것이기만 하겠는가. 더욱이 심사위원단 구성부터가 〈기생충〉에 유리한 편이다. 심사위원장부터가 〈버드맨〉으로 2015년 제87회 아카데미상에서 작품상, 감독상, 각본상 등을 휩쓸고, 〈레버넌트: 죽음에서 돌아온 자〉로 연이어 남우주연상(레오나르도 디카프리오)과 감독상 등을 차지한, 멕시코 출신의 명장 알레한드로 곤잘레스 이냐리투다. 그의 필모그래피를 감안할 때, 심사위원장으로서 이냐리투 감독은, 판단컨대 〈기생충〉에 호의를 보일 확률이 높다. 2004년 쿠엔틴 타란티노가 〈올드 보이〉에 열광해 2등 상 격인 심사위원대상을 안기는 데 앞장섰듯이.

남성 넷 여성 넷으로 구성된 나머지 8인 심사위원들 중 엘르 패닝 포함 배우가 두 명밖에 되지 않는 것도 〈기생충〉의 수상 가능성을 높여주는 또 다른 요인이다. 배우들을 무시해서가 아니다. 그들은 상대적으로 영화 보기를 소홀히 할 수밖에 없는 만큼, 감독들에 비해 감정이나 취향에 적잖이 좌우될 수밖에 없을 테기에 하는 말이다. 모쪼록 〈기생충〉이, 이창동 감독의 〈시〉가 2010년 각본상을 안은 이후 2018년 〈버닝〉에 이르기까지 8년간 이어진 무관행진에 종지부를 찍어주기를 바란다.

제2의 제인 캠피언 나올까

여성 감독이 지난해보다 1명 많은 4명이라는데, 그들이 어떤 성과를 일궈낼 지도 흥미로운 관전 포인트다. 그 네 감독은 그 간 칸과의 인연이 그다지 끈끈하지는 않았다고. 예시카 하우스너를 비롯해 셀린 시아마(〈타오르는 여인의 초상〉), 쥐스틴 트리에(〈시빌〉)는 이번이 첫 경쟁 진출이며, 마티 디옵[〈애틀랜틱스〉(Atlantique)]은 아예 칸 입성이 처음이란다. 남성 감독의 경우도, 라지 리(〈레 미제라블〉)는 칸 첫 초청이며, 아이라 잭스(〈프랭키〉)는 첫 경쟁 부문 초대다.

과연 칸 최고 영예는 어느 나라, 어느 영화, 어느 감독의 품에 안길까? 칸 역사상 최초로 황금종려상 3회 수상자가 나올까. 한 차례 수상 경력이 있는 세 감독 중 그 누군가 두 번째로 그 영예를 가져갈까. 짐 자무쉬나 페드로 알모도바르처럼 비록 황금종려상은 받진 못했어도, 현존 세계 최고 감독들로 평가돼온 거장들이 그 주인공이 될까. 제인 캠피언(〈피아노〉) 이후 26년 만에 여성 감독이 위너가 될 수 있을까. 칸의 신예들 중 누군가가 파란을 일으킬까. 두 편의 아시아 영화는 어떤 결과를 이뤄낼까….이래저래 올 칸은 그 어느 해보다 관전 포인트들이 즐비한, 흥미만점의 영화제이지 않을까, 싶다.

한편 한국 영화는 〈기생충〉 외에 이원태 감독의 〈악인전〉이 미드나이트 스크리닝에서, 연제광 감독의 〈령희〉가 학생 단편 경쟁 부문 시네파운데이션에서 공식 선보인다. 한국콘텐츠진흥원의 '2017년 단편애니메이션 제작지원작'인, 정다희 감독의 단편 애니메이션 〈움직임의 사전〉이 사이드바로 불리는 병행 섹션, 감독 주간에서 선보인다.

문득 밀려드는 의문. 왜 칸은 지난 2014년 창 감독의 〈표적〉 이래, 2015년 〈오피스〉(홍원찬), 2016년 〈부산행〉(연상호), 2017년 〈불한당: 나쁜 놈들의 세상〉(변성현)과 〈악녀〉(정병길), 2018년 〈공작〉(윤종빈) 그리고 2019년 〈악인전〉에 이르기까지 6년 연속 동일한 '심야 상영' 섹션에 한국 영화들을 한, 두 편씩 공식적으로 초대하는 것일까? 한국 액션 영화를 향한 칸 특유의 각별한 애정일까? 영화제 흥행에 도움이 된다는 판단에서? '내셔널 시네마'로서 한국 영화에 대한 어떤 고정관념이 덧씌워지지 않을까, 싶은 우려에서 가져보는 의문이다. 그리고 크고 깊은 유감 하나. 공식 섹션인 칸 클래식에 30편 가까운 세계 영화사의 문제작들이 대거 선보이는데, 제작 100주년을 맞이한 한국 영화는 왜 한 편도 없는 것일까……

p.s. 이 원고는 《주간동아》 2019년 5월 1188호에 게재하기 위해 송고했으며, 여기에 싣고자 일부 오류와 오자를 손보는 등 부분적으로 수정을 가한 원고다. 영화 제목과 감독 이름은 한두 군데 예외를 빼곤 네이버를 기준으로 삼았다. 원고의 제목들은 모두 《주간동아》를 따랐다. 고마움을 전한다.

<기생충> 리뷰

가족 희비극을 넘어 신자유주의를 비판하는
역대급 완성도의 문제적 걸작

일찍이 월간 《광화문 문화포럼》 2019년 7월호에 〈기생충〉에 대해 아래와 같이 리뷰를 했다. 판단컨대 그 리뷰에는 〈기생충〉의 기록적 성공 요인들이 거의 다 담겨져 있지 않나, 싶다. 그 전문을 옮기기 전, 아카데미 시상식 전 한 일간지(매일경제 2020년 2월 8일 자)에 송고했던 원고 "봉준호 감독이 만든 새역사" 전문을 먼저 소개하면 어떨까?

최우수작품상부터 감독상, 각본상, 최우수국제장편영화상 등 6개 부문에 후보로 지명된 2020 제92회 아카데미상에서 〈기생충〉은 과연 몇 개의 영예를 거머쥘까. 그전에 〈기생충〉의 세계영화사적 의미에 대해 짚어보는 건 어떨까. 빈말이 아니라 봉준호 감독의 7번째 장편영화는 날마다 '월드 시네마'의 역사를 새로 작성하고 있기 때문이다.

과장 아닐까. 천만의 말씀! 영화가 누릴 수 있는 성공은 크게 국내외의 대중적 흥행 성적, 비평계 인정, 그리고 영화상 및 영화제들의 호응에 이르는 세 채널을 통해 이뤄지는바 〈기생충〉은 말 그대로 최상의 성취들을 일궈내고 있는 것이다. 공식적으로 125년을 맞이한 세계영화 역사에서도 그 같은 예는 손꼽을 정도밖에 찾지 못하겠다. 올해 오스카 레이스의 최강자일─내 예상은 완전히 어긋났다. 작품상 등 총 10개 부문에 후보지명됐으나, 촬영상·시각효과상·음향효과상 세 개 수상에 그치면서─샘 멘데스 감독의 〈1917〉이나 쿠엔틴 타란티노의 〈펄프 픽션〉(1994) 정도?

흥미로운 점은 아카데미 시상식이 다가오면서 워치머조, LA타임스, 인디와이어 등 서구 몇몇 저널이 〈기생충〉을 작품상 수상작으로 내세우고 있다는 사실이다.

유튜브에 가장 많은 채널을 보유하고 있다는 캐나다 사설매체 워치머조는 최근 21세기 최고작 20편을 발표하면서 〈기생충〉을 19위에 올렸다. 2019년 영화 중에는 유일하다. 그 이유들로 독창성부터 연출력, 숱한 반전들(Twists and Turns), 눈부신 각본, 강력한 인물들, 수많은 얘깃거리, 음침한 재미, 미묘한 톤 등 총 10가지를 제시했다. 이쯤이면 〈기생충〉이 6관왕에 등극한다 한들 하등 놀

랄 것도 없을 듯. 오해하지 마시라. 저들의 예측을 액면 그대로 받아
들이자는 주장을 하려는 것은 아니니. 요지는 그동안 '내셔널 시네
마'로서 한국영화를 상대적으로 홀대·무시해온 서구의 영화 저널리
스트나 평론가, 학자 등 프로페셔널들이 〈기생충〉을 계기로 한국영
화를, 나아가 아시아영화를 새로운 눈과 마음으로 바라보고 품기 시
작했다는 것이다. 서구의 저명 영화역사가들도 한국영화에 대한 연
구를 본격적으로 하게 될 것이고, 관련 논문이나 단행본을 내지 않
을 수 없을 것이다. 전문가들만이 아니다. 세계 최고 규모·인기를 뽐
내는 미국 영화데이터베이스(www.imdb.com) 역대 '최고 평점 영화
들 250'에서 10점 만점에 8.6점으로 26위를 차지하고 있다. 19위
에 올라 있는 일본 구로사와 아키라의 〈7인의 사무라이〉(8.6점)에
이어 아시아영화로는 최고 순위다. 놀랍지 않은가.

　문득 밀려오는 의문. 해외에서는 이토록 〈기생충〉에 열광하고 있
는데 정작 우리나라에서는 왜 덜 열광적인 것일까. 왜들 그렇게 의
혹의 눈초리로 바라보면서 상대적으로 인색한 평가를 내리는 것일
까. 판단컨대 영화가 불편하다 못해 더러는 불쾌해서 아닐까 싶다.
그 점은 필자와의 인터뷰에서 감독도 수긍했다. 대중영화로서 적잖
은 관객들을 불편·불쾌하게 할 수 있는 것은 인정하나 타협하고 싶
지는 않았다고, 솔직하게 가고 싶었다고. 여하튼 〈기생충〉이 "가족
희비극을 넘어 신자유주의를 비판하는 역대급 완성도의 문제적 걸
작"인 것만은 명백하다. 그런 영화적 수준·완성도로 기념비적 성과

를 올리고 있는 것이고.

오스카 수상 여부와는 상관없다. 한국 최초의 골든글로브상 외국어영화상 수상에 이어 오스카 노미네이션만으로도 〈기생충〉은 이미 한국영화 역사를 새로 쓰지 않았는가. 이렇듯 〈기생충〉은 감독 봉준호는 물론 한국영화의 세계적 위상을 결정적·단절적으로 비상시키고 있다. 아무리 강조해도 지나치지 않을 〈기생충〉의 으뜸 역사적 의미다.

이제 리뷰로 넘어가자.

봉준호 감독의 〈기생충〉은, 흔히 거론돼왔듯 두 가족이 아니라 세 가족 이야기다. 4인 전원이 백수이긴 해도 사이는 좋은 기택(송강호 분)-충숙(장혜진)네 가족과, 역시 4인으로 구성된, 글로벌 IT기업 CEO 박사장(이선균)-연교(조여정)네 가족, 충숙의 '침입' 탓에 백수가 되는 문광(이정은)과, 영화 초반을 지나며 '괴물'처럼 등장하는 근세(박명훈) 2인 가족이 그들이다. 영화는 평범치 않은 세 가족 사이를 오가며, 감독이 역설했듯 희비극적으로, 더 이상 그럴 수 없으리만치 드라마틱하게 펼쳐진다.

다름 아닌 '봉준호'가 '역대급 완성도'로 빚어낸 '가족 희비극'란 사실이 한국 영화로는 사상 최초로 〈기생충〉이 올 제72회 칸영화제 황금종려상을 거머쥔 우선적 변수였다. 미국 영화 〈옥자〉에 이어 두 번째 칸 경쟁 입성이어도, 봉준호는 일찌감치 '칸의 총아'대열에 합류했다. 〈괴물〉로 비공식 섹션 감독 주간에 초청받으며 첫 발을 내딛은 후, 2008년 '도쿄 3부작' 중 한 부분인 〈흔들리는 대지〉로, 2009년 〈마더〉로 또 다른 공식 섹션인 주목할 만한 시선에 초대돼서만은 아니다. 2011년 64회 때, 칸 전 부문에 부름 받은 신인들에게 수여되는 황금카메라상 심사위원장에 위촉됐었다는 것이 그 결정적 증거였다. 더욱이 가족 드라마는 칸이 전통적으로 선호해온 장르 아닌가.

한데 '역대급 완성도'라고? 영화 보기 50년쯤, 영화 스터디 37년, 영화 비평 26년 차의 전문가로서 단언컨대, 〈기생충〉의 영화 미학·예술·오락적 완성도는 가히 '기념비적'이라 평하지 않을 자신 없다. 〈살인의 추억〉(2003)은 물론, 수십 년 간 내 생애 최고 한국 영화였던 〈하녀〉(1960, 김기영)를 뛰어넘었다고 진단 내린 유일한 경우다. 124년에 달하는 공식적 세계 영화사의 맥락에서 조망해도, 그 진단은 유효하다.

안다. 호불호에서 〈기생충〉을 얼마든지 싫어할 수 있으며, 크고 작은 실망을 할 수 있다는 것쯤은. 그 불호나 실망 등은 그러나 그 소재나 주제에서 기인하는 것이지, 영화적 만듦새와는 무관할 공산이 크다. 그 얼마나 불편한, 때론 불쾌하기까지 한 가족 휴먼 드라마인가. 게다가 영화는 가족 차원을 넘어, 바야흐로 전 세계 경제적 불평등 등의 으뜸 요인으로 지목돼온 신자유주의를 향해 통렬한 비판·고발을 날리지 않는가. 싫건 좋건 목하 현존 세계의 지배적

'세계 체제'(이매뉴얼 월러스틴)를 향해, 선-악의 경계가 와해된, 반지하-지상-지하의 세 접경적 가족의 극적 사연들을 통해.

완성도에서 〈기생충〉은 흠잡기 쉽지 않다. 연기부터 말하면, 상기 주조연만이 아니다. 기택의 아들 기우 역 최우식은 '발견'에 값한다. 극중 비중은 상대적으로 작아도 기정 박소담은 빛을 발한다. 그 빛은 박사장의 딸 다혜, 아들 다송 역 정지소, 정현준에게서도 뿜어 나온다. 10명에 달하는 주조연이 제몫을 100% 이상 완수하면서, 이름을 얻는데 성공한다. 성격화(Characterization)의 맛은 어떤가. 캐릭터들의 성찬이다. 플롯의 정교함이나 완급 조절은 비교의 예를 찾기 쉽지 않다. 이안 감독의 〈와호장룡〉(2000) 정도? 혼성적이면서 자기반영적(self-reflexive)인 장르 세공력도 압도적이다. 요즘 말로 융·복합 장르의 교과서라 할만하다. 강렬한 계단 이미지 등 공간 및 걸출한 음악 효과 등 사운드 연출 솜씨 또한 역대급이다….

이와 같은 덕목들로 〈기생충〉은 내러티브는 물론 시·청각적 재미와, 페이소스 머금은 정서적 감흥, 불쾌감을 곁들인 지적 자극에, 일말의 교훈까지 선사한다. 공생·상생이 제 아무리 중요하다 한들 그 과정, 즉 그 수단·방법이 정당해야 한다는 '봉준호식 윤리'다. 이런 불편한 문제작이 감독의 전작 〈설국열차〉의 936만을 넘어 1천만 고지를 향해 나아가고 있다. 흥미롭지 않은가. 칸 황금종려상이 아니어도 〈기생충〉은 역사적 걸작으로 남을 게 틀림없다. 세계 영화사의 어떤 무게추를 '봉테일'로, 한국 영화로, 아시아 영화로 상당 정도 이동시키면서…….

그다지 길지 않은 상기 리뷰는 2019년 6월 하순 몽골 여정 중 작성해 보낸 것이다. 지금 다시 작심하고 리뷰를 쓴다 해도 그때 그 리뷰보다 더 잘 쓸 자신은 없다. 그로부터 몇 개월 동안 기회 있을 때마다 위 리뷰를 활용하고 또 활용해온 것은 그래서다. 때문에 그 리뷰에서 단 한 단락, 단 한 단어라도 빼거나 바꿀 마음이 없다. 단 한 가지 사실만은 정정하지 않을 수 없을 것 같다. 〈기생충〉이 "수 십 년 간 내 생애 최고 한국 영화였던 〈하녀〉를 뛰어넘었다고 진단 내린 유일한 경우"라고 했으나 인터뷰에서 봉준호 감독이 미소를 머금고 그런 평가를 정중하게 사양했고, 나는 그 사양을 받아들여 〈기생충〉을 〈하녀〉에 이어 내 한국영화 역대 2위에 위치시키기로 마음먹었다는 것이다. 그리고 〈기생충〉은 개봉 53일 만에 천만 고 지를 돌파했다. 한국영화로는 19번째였다.

절반의 성공에 그치고 만, 안타까운 문제작

올해 칸영화제 최고 화제작 중 하나인 봉준호 감독의 〈옥자〉가 개막 3일째인 지난 19일(현지시간) 공식 프레스 스크리닝을 통해 세계 첫 선을 보이며 베일을 벗었다. 〈옥자〉는 강원도의 열두 살 산골 소녀 미자(안서현)와 '10년간 함께 자란 둘도 없는 친구이자 소중한 가족'인 슈퍼 돼지 옥자를 축으로 펼쳐지는 휴먼 모험 드라마이자 액션 드라마다.

미자와 옥자가 할아버지(변희봉)와 더불어 평화롭게 지내던 어느 날 옥자를 이용해 제2의 전성기를 꿈꾸는 동물학자 조니(제이크 질런할)와 글로벌 기업 미란도의 한국 직원 박문도(윤제문) 등이 나타나고 이후 옥자는 미국 뉴욕으로 강제로 끌려간다. 미자는 할아버지의 만류에도 옥자를 찾아 무작정 뉴욕으로 향한다. 조니는 말할 것 없고 극비리에 '슈퍼 돼지 프로젝트'를 추진 중인 미란도의 최고 경영자(CEO) 루시(틸다 스윈튼), 비밀 동물 보호 단체 동물해방전선 (ALF·Animal Liberation Front)까지 각자 이권을 놓고 옥자를 차지하거나 지켜 내려 하고, 그 틈바구니 속에서 옥자를 구출하려는 미자의 여정이 드라마틱하게 전개된다.

넷플릭스로부터 560억 원가량(미화 약 50,000,000 달러)을 투자받아 빚어진 영화가 세계 최고 영화제의 경쟁 부문에 초청됨으로써 야기된 크고 작은 논란 등 외적인 문제는 논외로 치자. 미자의 그 극적인 여정은 그러나 기대만큼 인상적이진 않다. 돼지 캐릭터인 주인공 옥자의 표정 및 눈망울의 감성적 표현과 두 중심인물 간의 아날로그적 정서 구현 등은 압권이나 생명과 자연, 자본주의의 관계를 두루 설파하려는 내러티브의 결이나 봉준호 특유의 장르 혼성적 시도 등이 충분히 효과적이지 않기 때문이다. 절반의 성공은 화려한 출연진에게도 해당된다. 결론적으로 〈옥자〉 절반의 성공에 그치고 만, 안타까운 문제작인 셈이다.

컴퓨터그래픽(CG)으로 구현한 옥자의 성격화나 연기는 50년 가까운 그간의 영화 보기를 통틀어서도 여느 휴먼 캐릭터들의 그것들을 능가한다. 영화 도입부, 낭떠러지에서 추락해 죽을 수도 있는 절체절명의 위기에 처한 미자를 구출하는 시퀀스에서 연출되는 옥자의 시선과 지력 등은 압도적 영화 체험을 선사한다. 하마를 닮은 생김새에 지성과 감성을 겸비한 거구의 돼지 캐릭터라는 설정만으로도 사실 〈옥자〉는 매혹적이다. 여러 모로 〈괴물〉의 괴물 캐릭터의 연장·확장일 법한 옥자는 대작 〈옥자〉의 최대 성과로서 세계 영화 역사에 회자될 공산이 크다. 옥자와 미자, 두 '자매' 사이를 오가는 교감·우애도 감동이라는 수사로는 충분치 않은 크고 깊은 감흥을 선사한다.

하지만 루시와 조니의 탐욕에 ALF의 야심까지 곁들인 액션형 모험 드라마들이 얽히고설키면서 영화의 감흥은 적잖이 분산되며 반감된다. 플롯이 다분히 도식적이다. 봉준호다운 정교함이 결여돼 있다. 세계적 배우들의 연기도 정교함과는 거리가 멀다. 그간의 진지한 이미지를 벗어 던지고 변신을 꾀한 명배우 질런홀의 코믹 연기도 과장됐을 뿐 아니라 따로 논다는 느낌을 떨치기 힘들다. 전작들에서는 저류로 깔아 놓았던 정치적 메시지도 지나치게 직접적이어서 표피적으로 다가선다. 개인과 사회의 변증법적 통합이라는 봉준호 영화 세계의 으뜸 덕목도 감지하기 쉽지 않다. 대체 '봉테일'(봉준호+디테일)에 무슨 일이 일어난 걸까?(칸에서, 2017년 5월 21일 서울신문)

<설국열차> 리뷰

체제 변화의 가능성을 통해 희망을 역설

봉준호 감독의 독보적 '브랜드파워'

봉준호 감독의 〈설국열차〉는 마의 1000만 고지를 넘을까. 〈7번방의 선물〉에 이어 한국영화 사상 9번째로 '1000만 영화 클럽' 멤버가 될 수 있을까. 개봉(7월31일) 7일째인 8월6일 오후 4시30분을 기해 영화진흥위원회 통합전산망 기준으로 400만 선을 돌파하자 여기저기서 터져 나오고 있는, 어찌 보면 필연적인 질문이다. 그것은 〈트랜스포머 3〉〈도둑들〉〈아이언맨 3〉〈은밀하게 위대하게〉에 이르기까지 역대 최고 흥행속도를 수립한 화제작들의 8일보다 하루 빠른 대기록이기 때문이다.

결과는 물론 두고 봐야 한다. 개봉 둘째, 셋째 주까지만 해도 파죽지세로 내달렸던 위 네 영화들 중에서도 〈도둑들〉만이 최종적으로 1000만 고지를 정복했을 따름이다. 일부 매체들로부터 "〈설국열차〉가 과연 1000만 관객을 동원할 수 있겠는가"라는 물음을 받았을 때 그럴 거라는 의견을 피력했지만, 그 이유를 열거할 생각은 없다. 그 예상이 어긋날 경우 '아니면 말고' 식의 무책임한 변명에 그칠 수밖에 없지 않은가. 그럼에도 예측을 훨씬 웃도는 영화의 폭발적 흥행요인들에 대해서는 말하지 않을 수 없을 것 같다.

'상업적 예술'의 모범 사례

한 매체 보도에 따르면 투자·배급사 CJ E&M 관계자는 "대한민국 최초로 진행되는 글로벌 프로젝트에 대한 기대감, 그리고 〈괴물〉〈살인의 추억〉 등으로 연출력을 인정받은 봉준호 감독에 대한 신뢰, 크리스 에반스, 틸다 스윈튼 등 할리우드 유명배우와 송강호, 고아성 등 국내 배우들의 연기호흡에 대한 호기심 등이 주효했다"고 흥행요인을 설명했다. 수긍하지 않을 수 없는, 설득력 높은 견해다. 독과점 시비로부터 자유로울 수 없는, 1000개를 상회하는 스크린 수, 영화의 그것과 비슷한 '양갱'을 시사회에서 나눠주는 등 독특한 마케팅 이벤트도 영화의 폭발적 흥행에 한 몫 했을 터임은 두 말할 나위 없다.

내가 특별히 강조하고픈 요인은 크게 두 가지다. 첫째, 위에서 언급된 "…봉준호 감독에 대한 신뢰", 달리 말해 봉준호 감독의 '브랜드파워'다. 주지하다시피 한국 대중 영화관객들은 관람 여부를 결정할 때, 감독 요인을 거의 고려하지 않는 것으로 악명 높다. 당장 문제를 내보자. 근 1년 새 1000만 이상을 끌어들인 세 초대박 영화들 즉 〈도둑들〉 〈광해, 왕이 된 남자〉 〈7번방의 선물〉의 감독 이름을 대보라. 정답은 최동훈, 추창민, 이환경이다. 마니아가 아닌 일반 관객들이라면 세 명 다는 고사하고 두 명, 아니 단 한 명도 제대로 대기 어려울 듯. 장편 데뷔작 〈범죄의 재구성〉부터 〈타짜〉 〈전우치〉에 이르기까지 연속 3안타를 날린 스타 감독 최동훈마저 그 이름만으로는 대중 관객들에게 각인돼 있지 않을 공산이 크다. 이름 앞에는 대개 영화 타이틀이 따라야 "아, 그 감독" 하고 고개를 끄덕이기 십상이다.

이름이 독립적으로 기억될 강우석, 강제규 감독 등도 〈전설의 주먹〉과 〈마이 웨이〉로 이름값에 부응하지 못하는, 흥행부진을 면치 못했다. 목하 봉준호 감독과 나란히 흥행과 비평 양 측면에서 대한민국을 대표하는 두 감독인 박찬욱과 김지운도 미국에서 연출해 올해 개봉한 기대작 〈스토커〉와 〈라스트 스탠드〉로 대참패를 겪었다. 니콜 키드먼, 아널드 슈워제네거 등 월드 스타들이 출연했다는 사실 등을 감안하면 수모라 할 만한 바, 결국 감독의 명성이 박스오피스에서 거의 영향력을 발휘하지 못한 것이다. 그 점에서 봉준호의 브랜드파워는 단연 주목을 요한다.

전국 10만도 채 되지 않았던 〈플란다스의 개〉는 장편 데뷔작이었던 만큼 논외로 치자. 한국영화사의 기념비적 걸작 스릴러 〈살인의 추억〉의 대성공 이후 그는 줄곧 평단과 대중 양면에서 대한민국 최고 감독의 위상을 지켜왔다. 〈괴물〉은 여전히 한국영화 역대 박스 오피스 1위작이다. 기대에 현저히 못 미치는 성적을 보였던 〈마더〉도 300만 선에 근접했다. 그만큼 봉준호의 위상은 예외적이며 독보적이다.

과장이 아니라 한국, 아시아, 나아가 세계적으로도 그 예를 찾기 어렵다. 한 나라 영화판 전체에서 흥행 정상을 차지하고 있으면서 열띤 비평적 성원을 받아온 감독은, 내가 알기론 없다. 당장 비견될 수 있는 미국의 스티븐 스필버그도 비평적으로는, 봉 감독이 한국에서 받아온 정도의 지지를 받진 못했다.

흥행과 비평 한 손에 거머쥐어

봉준호의 브랜드 힘 못잖은, 아니 그 이상으로 결정적이라고 판단되는 〈설국열차〉의 흥행요인은 다름 아닌 스토리와 속도감 넘치는 스토리텔링, 플롯의 힘이다. 시사회에서 〈설국열차〉를 보고 나서 나는 어느 매체에 다음과 같은 단평을 제공했다. 별 다섯 개 만점에 4개 반을 부여하면서. "예술과 상업 사이의 균형을 추구하며 작가적 주제를 잘 표현한 수작. 이 시대에 꼭 필요한 '희망'이라는 메시지를 담았다"고. '상업적 예술'의 모델로서 손색없다. 〈괴물〉이나 〈마더〉를 능가하는 호평이다. 전체적 선호도·만족도 등에선 〈살인의 추억〉에 못 미치나, 그 동안 봉준호 감독이 추구해온 영화적 지향, 문제의식에선 그 걸작을 넘어선다.

감독의 입을 빌지 않더라도, 봉준호 그는 한결같이 인간세계의 시스템 문제를 극화하고, 그 시스템의 변혁 가능성을 타진해 왔다. 장르 영화라는 외피를 입으면서도, 장르 관습이나 제약에 안주하지 않고 체제 변화, 심지어는 전복의 가능성을 향해 나아갔다. 그러면서도 그는 개인을 외면하거나 희생시키지 않았다. 늘 개인들의 사연을 통해 사회를 말했다. 봉준호를 세계의 숱한 감독들과 구분 짓는 주요 인자 중 하나다. 그 지점에서 〈설국열차〉는 봉준호 영화세계의 한 정점이자 새 출발이라 할 수 있다. 지금까지처럼 주로 한국 관객들만이 아니라 아시아 및 서구 관객들까지 포용하려는 야심적 승부수다.

그렇기에 감독의 전작에서 구사됐던 유머나 디테일의 결여를 들어 〈설국열차〉를 향해 던지는 비판·비난은 편협한 단견이(라는 게 내 평가)다. 그 한국적, 달리 말해 지역적 맥락을 벗어나선 도저히 이해되기 쉽지 않을 유머나 곁가지를 〈설국열차〉처럼 거대한 담론과 주제를 표방한 대작에서 찾는다는 것, 그것은 연목구어 아닐까. 텍스트의 성격이 판이하게 다르거늘 말이다.

〈설국열차〉는 결국 체제 변화의 가능성을 통해 희망을 역설하는 스토리다. 그 스토리를 타의 추종을 불허할 속도감으로 2시간 여 동안 추동해간다. 그렇게 영화는 이 땅의 적잖은 대중 관객들 과 전문가들을, 긍정 심리학의 대가 미하이 칙센트미하이(Mihaly Csikszentmihalyi)가 설파하는 '몰입(Flow)' 속으로 끌고 들어간 것 아니겠는가. 크고 작은 불평, 불만 등의 와중에도.(아시아엔 2013. 09. 03)

〈마더〉 리뷰

봉준호의 새로운 도전…
'엄마'와 김혜자라는 중심핵으로 돌진

"…나에게 〈마더〉는 영화적으로 새로운 도전이다. 전작들은 모든 것을 확산시켜 가는 이야기들이었다. 살인 사건을 넣다 보니 80년대와 국가 이야기가 나오고, 괴물이 뛰쳐나오다 보니까 가족이 나오고, 한국 사회도 나오고 미국도 나오는 식이었는데 〈마더〉는 오히려 모든 힘을 실어, 중심핵을 향해 돌진하는 영화다. 엄마라는 식상하리만치 평범한 소재를 다루지만 오히려 새로운 영화이고 싶고 관객들에게도, 익숙하면서도 또 무척 낯선, 새로운 영화로 받아들여졌으면 좋겠다."

봉준호 감독이 밝힌 작의(作意)였다. 감독도 누누이 강변했듯 "중심핵"은 무엇보다 엄마 캐릭터 그 자체였다. "무척 익숙하면서도 강한 존재고 인간관계 중에서 가장 원초적인 것 또한 엄마와 아들"일 진대, "그런 엄마가 과연 영화적인 세계 속에서 어디까지 폭주할 수 있는지, 엄마라는 이름 아래, 수많은 소설이나 영화나 드라마가 있었지만 좀 더 극한까지 가보고 싶었다. 가장 뜨겁고 강렬한 부분, 어떻게 보면 불덩어리에서도 제일 뜨거운 열의 핵심 같은 곳을 파고드는 영화를 해보고 싶었다." 그리고 그 엄마 캐릭터보다 더 중요한 중심핵은, 그 캐릭터를 열연한 '국민 엄마' 김혜자였다.

'마더' 혜자는 어느 읍내 약재상에서 일하며, 소위 '정상'(normal)이 아닌 아들과 단 둘이 살아간다. 그녀에게 그 아들, 스물여덟 살 도준(원빈)은 온 세상이나 다름없다. 다 자란 청년임에도 다분히 정신 지체인 아들은, 자잘한 사고들을 치고 다니며 엄마의 애간장을 태운다. 어느 날, 한 소녀가 살해당하고 도준이 범인으로 몰린다. 엄마는 아들을 구하기 위해 백방으로 뛰어다니나, 경찰은 서둘러 사건을 종결짓고 변호사는 돈만 밝힌다. 하나밖에 없는 친구 진태(진구)도 도움은커녕 사태를 더 꼬이게 할뿐이다. 기댈 이 하나 없이 아들을 구하기 위해 범인을 찾아나서고, 도준의 혐의가 점점 더 굳어져 갈수록 엄마 또한 절박해져만 간다. 과연 마더는 진범을 밝혀내고, 아들을 구할 수 있을까?

"늘 변화하고 싶다"는 봉준호답게, 영화는 관객이 예측할 수 있는 평이한 플롯을 밟지 않는다. 몇 차례의 우여곡절들(Twists & Turns)을 거친 뒤 당도하는 영화의 결말은, 구원의 과정이나 사건의 해결이 아니다. 관건은 마침내 드러나는 진실 앞에서 영화의 엄마가 무엇을, 어떻게 하는 지인 것이다. 감독은 "…새끼를 지키려는 어머니의 본능이 폭발하는, 동물적 순간을 보여주고 싶었"다고 역설한바 그 목표는 거의 훌륭히 달성된다. 그 동물적 순간들이 김혜자에 의해 완벽하게 구현되는 것. 〈마더〉는 감독이 의도한 대로 "김혜자의, 김혜자에 의한, 김혜자를 위한" 영화가 되는데 완벽하게 성공한다. 딴지일보와의 인터뷰에서도 밝혔듯 "그게 내가 이 영화를 만드는 쾌감이었다."지 않는가. "김혜자 장르의 변주와 파괴." 그 성공은 영화의 도입부와 결말부를 수미상관으로 장식하는 인상적인, 너무나도 인상적인 혜자의 춤 시퀀스로 상징적으로 이미지화·사운드화된다.

김혜자 여사는 그해 국내 영화상의 거의 모든 연기상을 휩쓸다시피 한다. 여간 해선 그런 법이 없었거늘, 29회 한국영화평론가협회상(영평상)과 10회 부산영화평론가협회상에서도 공히 여주인공이 된다. 칸 주목할 만한 시선 부문에 초청됐을 때도 상황은 다르지 않았다. 5월 16일 오후 10시(현지시각), 박찬욱 감독의 〈박쥐〉 등 여느 경쟁작 못잖은 환대 속에 세계 첫선을 보였을 때도, 감독은 상영 전 무대인사에서 모든 영광을 세상의 엄마들과 김혜자 씨에게 돌렸다. 김 여사 또한 "여러분들의 엄마들을 떠올리며 영화를 보기를 바란다"고 소감을 전해, 뜨거운 갈채를 받았다. 드뷔시 극장을 메운 관객들은 시종 우호적 분위기에서 영화를 관람했다. 엔딩 크레디트가 오르자마자 봉준호 감독과 엄마 역 김혜자, 아들 역 원빈 등 영화 주역들에게 5분여간 우레와 같은 박수로 화답했으나, 주빈은 역시 김혜자 여사였다.

〈마더〉가 오로지 김혜자로만 수렴되는 영화인 것은 물론 아니다. 봉준호 감독의 최고작은 아닐지언정, 영화 저널리스트 장성란도 평했듯 세계가 주목하는, "'한국영화의 스타일'이 예술적 극점에 오른 작품"인 것만은 분명하다. "죽음을 둘러싼 강렬한 미스터리 구성, 그 안에 드러나는 한국 사회의 폭력성, 무자비하면서도 애틋한 한국식 정서의 묘미, 그것을 감각적으로 드러내는 영상과 편집 모두 더할 나위 없다." 하지만 그런 여러 덕목들이 영화의 최강 덕목인 김혜자의 성격화(Characterization)와 열연에 의해 다소는 가려지는 것 또한 사실이다. 봉감독은 부인했어도, 김 여사의 압도성이 영화 〈마더〉의 어떤 한계로 다가서는바, 당장 연기만 보더라도 제대 후 첫 번째 주연작이었던 원빈이 가려졌고, 발군의 연기를 펼친 진구도 가려졌다. 적어도 내게는 그렇게 다가섰다. 게다가 '연기의 신'이라 해도 과언은 아닐 김혜자 여사가 제 아무리 연기를 잘 한다 한들, 그게 무슨 대수란 말인가. 〈괴물〉이야 그렇다손 쳐도, 희대의 걸작 〈살인의 추억〉의 봉준호의 신작 아닌가. 그래 나는 영화가 여간 못마땅한 것이 아니었다.

그래서였다. 적잖은 이들이 그렇게 감탄했다는 상기 춤 시퀀스들은 말할 것 없고, 영화 전체에서 그다지 강렬한 감흥을 맛보지 못했던 것은, 〈마더〉가 '작가' 선정 2009년 최고 한국영화로서 자격 충분하더라도, 그 수작보다는 2009년 내 베스트 1위작인 홍상수의 〈잘 알지도 못하면서〉나 박찬욱 감독의 "충분히 인정받지 못한 매혹의 텍스트"〈박쥐〉 등을 더 좋아했고, 더 높이 평가했던 것이다.

그때로부터 10여년의 세월이 지난 뒤 다시 본 〈마더〉는, 〈기생충〉이나 〈살인의 추억〉에는 다소 못 미쳐도 어느 모로는 그들 못잖은 수작임을 자인하지 않을 수 없다. 당시에도 어느 지면에 피력했듯, "인류 공통의 보편적 주제인 모성을 다시금 되새겨보게 하는 〈마더〉는 그저 세상의 어머니들에 바치는 맹목적 찬가를 넘어서, 감독 특유의 인간관 및 사회성을 내포한 문제적 텍스트로 비상"했던 것이다. 〈마더〉는 여로 모로 불균질적인 텍스트를 통해, 세상의 모든 모성이 위대하다는 유의, 진부하기 짝이 없는 맹목적 '모성 신화'에 크고 작은 균열을 내는 것이다. 내게 엄마 혜자는 모성의 한 사례일 따름이지, 결코 어머니의 대표로 비치진 않는 것이다. 본능적이어서 맹목적이 되기 마련인 모성이 실은 이데올로기며, '괴물로서 엄마'를 〈마더〉처럼 긴장감 넘치고 설득력 있게 극화한 영화가 언제 또 있었던가!

딴지일보 인터뷰에서 줄곧 강조했듯 〈마더〉는 봉준호가 처음으로 "섹스의 세계를 탐험한 본격 섹스영화"였다. 그는 강변한다. "〈마더〉는 정말 섹스에 대한 영화다. 진흙탕 같은 섹스의 세계로 돌진하게 되는 엄마의 이야기"라고. 진실을, 욕망을 은폐하려는 영화로서….〈마더〉가 청소년관람불가 등급을 받은 것도 그래서였을 터. 하지만 그 섹스가 〈올드보이〉처럼 근친상간으로 연결돼서는 곤란하다. 스물여덟 성인인 도준이 함께 잘 수 있는 여자는 엄마뿐이며, 아버지 없이 혼자 몸으로 외동아들을 키우는 '마더' 역시 더불어 잠을 잘 수 있는 남자는 아들뿐이라는 내포적 의미에서 섹스인 것이다. 물론 진태와 미나(천우희)의 섹스를 몰래 훔쳐본다는 점에서는 외연적 의미의 섹스 영화라는 주장도 성립된다.

〈마더〉는 이렇듯 열린 결말에, 해석에 열려 있다는 점에서도 문제적이다. 감독도 인정했듯 일부 관객들이 제기하는 어떤 관점들, 가령 〈마더〉가 엄마에 대한 아들의 복수극이라거나 말투 등으로 보아 진태와 엄마 간에 육체적 관계가 시사된다는 주장 등은 흥미롭다 평하지 않을 수 없다. 하지만 거기까지일 따름이다. 그에 대해서는 일찍이 고정 칼럼을 쓴 적이 있는데, 그 일부를 옮기는 건 어떨까.

"그야말로 해석은 하는 이들의 자유니만큼 그럴 수 있을 게다. 그럼에도 거기엔 일정한 제약이 따를 수밖에 없고, 의당 그래야 한다. 흔히 말하는 창작자의 의도 때문은 아니다. 그보다는 텍스트에 포진되어 있는 수많은 약호들(codes) 및 단서들(clues) 때문이다. 관객/독자의 해석을 가능케 하는 요소들로, 그것들이 해석의 한계를 요구한다. 움베르토 에코 등이 지적했듯, 그렇지 않으면 으레 '과잉해석'(overinterpretation)으로 흐르게 되고, 그 해석은 설득력이 상

실되거나 약화되지 않을 도리가 없다. 아무나 할 수 있을 성싶고 해도 무방한 텍스트 독해에 일말의 전문성 및 신중함이 요청되는 까닭은 무엇보다 그래서다.

이런 기준으로 판단할 때, 상기 해석들은 '과잉'이라는 수식어를 떼려야 도저히 뗄 수 없다. 〈마더〉를 복수극으로 간주할 경우, 영화 속 도준의 캐릭터는 말할 것 없고 그의 모든 행위들이 거짓이라는 결과를 낳는다. 스포일러에 대한 염려 탓에 더 이상 영화의 속내를 상술하진 않겠다만, 그것은 영화 자체가 무력화되고, 나아가 와해된다는 것을 뜻한다. 그건 아니지 않은가. 동의 여부를 떠나, '천재' 운운되기조차 하는 감독에 의해 빚어진 주목할 만한 문제작이거늘. 친구 진태의 혜자에 대한 언행 역시 그의 캐릭터를 이해하는 장치로 읽혀야 한다. 그 점은 형사 제문(윤제문)의 언행도 마찬가지다. 다소 차이가 나지만, 혜자를 막 대할 때 제문은 진태와 크게 다르지 않다."

독립영화감독 장우석의 진단처럼 〈마더〉는 "사건 자체의 드라마틱함보다는 극단으로 몰린 '엄마'의 심리와 행동에 방점을 찍어 외형적인 스케일보다 내면의 스펙터클에 주목하고 '엄마의 사투'를 끝까지 몰아가 그 감정의 소용돌이에 관객을 끝내 동참시키고 만다." 그 얼마나 〈살인의 추억〉이나 〈괴물〉 등 전작들과는 다른, 멋진 변화인가……

〈기생충〉을 예고하는 개성 만점의 가족 희비극

돌이켜보건대 한국영화 사상 네 번째 천만 영화인 〈괴물〉에 대해 참 많이도 말했고 썼다. 단편적·반복적인 소모성 매체 인터뷰만도 수십 건에 달해, 이게 뭔가 싶어, 평론가로서 회의에 빠지기도 했다. 그 이후로 꽤 오랫동안, 정확히는 역시 봉준호 감독의 〈기생충〉 이전까지 비평 활동을 자제(?)한 결정적 계기도 그때 그 회의 때문이었다(고 변명할 수도 있다). 2009년 봄부터 2016년 말까지 8년가량, 정치적 중립성이 요구되기 마련인 영화제(부산국제영화제)에 몸담았기 때문이기도 했지만 말이다. 2006년 7월 한 주간지(뉴스메이커 683호)에 실렸던 아래 원고("괴물로 진화한 봉준호 영화세계")도 그 중 하나다.

그 원고는 이렇게 시작한다. "칸에서 영화 〈괴물〉을 처음 본 후, 나는 어느 일간지 고정 지면에 〈괴물〉에 대해 이렇게 썼다. '현 우리 영화의 어떤 수준을 지시하고, 나아가 그 미래의 어떤 방향(성)을 예시하는, 아주 중요한 문제적 텍스트'"이며, "그 평가는 물론 지금도 변함없다."고. 그 일간지는 인천일보였다. 그 칼럼도 칸 이야기로 출발했다.

"칸에서 돌아온 지 열흘 가량 지났건만, 그 열흘은 칸 영화제와 함께 살았다. (중략) 무엇보다 올 칸의 화제작으로 급부상한 봉준호 감독의 〈괴물〉을 향한 관심·기대가 워낙 커서였다. 내 수업을 수강하는 적잖은 학생들에게도 그랬지만, 내게도 마찬가지였다. (중략)

사실 난 〈괴물〉을 감독의 전작, 〈살인의 추억〉처럼 만족스럽게 본 건 아니다. (중략) 기대만큼의 치밀함·섬세함에는 미치지 못한 극적 디테일이나 다소 느닷없게 비치는 결말부 처리, 상대적으로 임팩트가 부족한 극 중 캐릭터들 및 연기 등 아쉬운 대목이 한둘이 아니다. 그럼에도 영화는 상기 아쉬움들을 상쇄시킬 법한 빛나는 미덕들을 지니고 있는 것 또한 엄연한 사실이다.

우선, 규모보다는 속도로 승부를 건 괴물 캐릭터 자체부터가 단연 주목할 만하다. 장담컨대 괴물이 등장할 때마다 도저히 눈길을 뗄 수가 없을 게며, 탄성이 절로 날 것이다. 그 간 할리우드나 일본 영화에서나 목격해 온 인상적 괴물이 출현해 2시간에 달하는, 결코 짧지 않은 시간을 이끌어가는 것을 경험하면서 작지 않은 감격을 맛볼 터이다. 오죽하면 데렉 엘리 같은 저명 저널리스트가 '거의 모든 층위에서 〈괴물〉 같은 몬스터 무비는 결코 없었다'(버라이어티 지)며 극찬을 아끼지 않았겠는가.

그 정도가 아니다. 서구의 모 평자는 〈괴물〉을 스티븐 스필버그의 〈죠스〉나 리들리 스콧의 〈에일리언〉 등 같은 걸·수작들과 비교하면서 열띤 상찬을 보내고 있다. 그건 정식 개봉(7월 27일)을 50여 일이나 앞둔 영화가 이미 서구의 고전적 '몬스터 무비들'에 견줄만한 수준을 갖추고 있다는 것을 함축한다. 놀랍지 않은가. 동의하거나 않거나.

드라마의 완급 조절에서도 영화는 쉽게 도달키 불가능한 어떤 수준을 자랑한다. 개인적으론 그 점에서 최상의 경지를 구현한 〈와호장룡〉이나 〈L.A. 컨피덴셜〉에 견줄 만하다고까지 보고 있다. 칸에서 영화를 본 뒤, 실례를 무릅쓰고 제작자(최용배 청어람 대표)에게 영화를 좀 더 늘리는 게 어떻겠냐는 의견을 냈던 것도 실은 그래서였다. 2시간의 상영 시간이 그만큼 짧게 느껴졌던 것이다.

이쯤의 미덕만으로도 영화에 대한 남다른 기대를 걸 수 있지 않을까. 〈미션 임파서블 3〉에서 〈다 빈치 코드〉, 〈포세이돈〉 등에 이르는, 할리우드 화제작들의 파죽지세를 저지시킬 수 있을 한국 영화로서…."

결론적으로 일말의 극적 아쉬움에도 캐릭터나 드라마의 완급 조절 등에서 빛나는 미덕들이 즐비했던 것이다. 지금도 변함없는 그 상찬들은 상기 주간지 프리뷰에서도 거의 그대로 이어졌다. "시작 10여 분 만에 일찌감치 모습을 드러내는 괴물 캐릭터 자체의 정교함이나, 스케일 아닌 스피드에 승부를 걸었기에 가능했을 그 괴물의 힘차면서도 신속한 몸놀림부터가 세계 그 어느 나라 그 어느 '괴물 영화'의 괴물 캐릭터에 뒤지지 않는다. 단언컨대 압도적 주목을 끌기 충분하다.

뿐만 아니다. 그저 '괴물'이라고 치부하고 넘어가기엔 어딘지 아쉬운, 한편으론 귀엽기조차 한 영화 속 괴생물체는 어느 모로는 우리 영화 특유의 어떤 활력을 떠오르게 한다. 예의 작품·작가성과 오락·상업성을 적절히 결합시키는데 성공함으로써, 2000년을 전후해 형성된 한국 영화 호황의 결정적 요인으로 작용해온 바로 그 에너지를.

비록 남의 나라 전문가들의 테크놀로지에 힘입은 바 크지만, '1500마리 가운데 살아남았다'는 그 괴생물체는 영화의 으뜸 주인공으로서의 본분을 100% 수행한다. 다른 것 다 제쳐두고 그 생물체의 탄생에서 몰락에 이르는 과정을 지켜보는 것만으로도 사실, 어지간한 국산 대작들, 나아가 할리우드 블록버스터들의 스펙터클 및 드라마를 보는 재미를 능가한다. 감독의 입을 빌리지 않더라도 지난의 산고를 치르고 태어난 그 괴생물체는 그러나, 영화 〈괴물〉의 출발점 혹은 구실에 불과하다. 영화의 '진정한 주인공은 괴물과 맞서 싸운 박강두네 가족들'인 것이다. '누구의 도움도 받지 못한

채, 처절하고 외로운 사투를 벌여야만 했던 우리의 가족들…'

아니나 다를까, 괴물에 포획 당해 극도의 공포 속에 처하면서도 최후의 순간까지 의연함을 잃지 않는 '꼬마 여전사' 현서(고아성 분)를 축으로 아버지 박강두(송강호)-할아버지 희봉(변희봉)-삼촌 남일(박해일)-고모 남주(배두나)에 이르는, 현서를 구출하기 위해서라면 죽음을 마다지 않는 현서 가족들 드라마가 가세하면서, 〈괴물〉은 그렇고 그런 여느 '괴물 영화들'과는 판이한, 새로운 차원으로 비상한다. 무의미한 스펙터클 및 액션을 맹목적으로 전시하기 급급하지 않고 스펙터클과 드라마를 거의 완벽하게 조화시키는, 흔치 않은 극적 재미·감동의 휴먼 드라마로!

'그들만 생각하면 지금도 가슴이 아파온다'는, 영화를 '고스란히 그들에게 바치'겠다는 감독의 야심은 이쯤에서 멈추질 않는다. '반미' 등의 혐의를 감수하면서까지, 그는 영화에 일련의 시대성·사회성·정치성을 덧입히는 데까지 나아간다. 일찍이 전작 〈살인의 추억〉 등에서 그랬던 것처럼. 그렇기에 그런 거시적 관점에서 감상한다면, 영화는 전혀 다른 함의를 지닐 법도 하다. 감독 등 다른 이들의 동의 여부에 아랑곳없이, 혹 누군가 괴물 캐릭터를 IMF의 형상화 등으로 해석할지도 모르겠다.

그저 110억 원을 투하한 '웰-메이드' 대형 몬스터 무비쯤으로 간주될 수도 있을 〈괴물〉은 이렇듯 열린, 다층적 텍스트이다. 이쯤만 해도 상기 문제적 텍스트로서 손색없겠거늘, 감독은 한발 더 나아간다. 감독 특유의 유머를 적재적소에 배치시키면서, 어찌 보면 가슴 저리도록 아프고 슬픈 비극적 드라마를 개성 만점의 희비극으로 변형시켜버리는 것이다. '역시, 봉준호답군!' 등의 감탄을 절로 유발시키면서.

이만하면 칸에서는 물론 지난 4일 매체 시사 이후 크고 작은 호평·상찬들이 〈괴물〉을 둘러싸고 조성되었다 한들 하등 이상할 게 없지 않을까. 그럼에도 난 '괴물'이 흠잡을 데 없는 걸작이라고는 여기진 않는다. 내러티브의 완급 조절이나 시각적 매혹 등에서 단연 한국 영화사의 걸작 〈살인의 추억〉을 앞서지만, 그처럼 만족스럽지는 않다.

개별적 연기나 연기 앙상블에 대해선 왈가왈부하진 않겠다. 설사 아쉽더라도 신예 고아성을 제외한 전 주요 연기자들이 이미 최상의 연기를 선보였기 때문이지 〈괴물〉에서 잘못했다고 보진 않는다. 다분히 이명세(〈인정사정 볼 것 없다〉〈형사 Duelist〉), 박찬욱(〈복수는 나의 것〉〈친절한 금자씨〉), 김지운(〈조용한 가족〉〈반칙왕〉) 등의 B급 취향·정서를 연상시키는 감독의 유머 감각이 때로는 과잉으로 흐르는 게 아닌가, 때문에 극도로 슬퍼 그 슬픔이 고스란히 전달되어야 할 일부 장면에서 제대로 전달되지 못한 게 아닌가, 싶어 당혹스럽긴 해도 그 당혹스러움이 심각한 문제라고 보지도 않는다.

가장 유감스러운 점은 의당 영화를 관류했어야 된다고 판단되는, 괴생물체로 인한 긴장감·공포감이 확연히 느껴지지 않는다는 것이다. 영화 속 괴물은 결코 강두 가족만의 괴물일 수는 없다. 서울의 상징이라 할 한강에서 어느 날 갑자기 괴생물체가 나타나 수십, 수백 명의 인명을 살상했다면, 그건 서울, 아니 나라 전체의 대사건일 수밖에 없다. 아무리 그 괴물이 한강을 벗어나선 생존할 수 없는 '숙주'(The Host)라 할지라도 말이다.

따라서 강두 가족을 비롯해 모두가 합심해 괴물을 처치해야 한다. 그 괴물이 그다지 위협적 존재가 아니라고 여기는 걸까, 하지만 현서를 구출해야 하는 강두 가족 외에 영화 속 그 누구도 '괴물'을 사살하려 노력하지 않는다. 그저 있지도 않은 바이러스를 발견한다고 난리치는 게 고작이다. 어딘지 어색하지 않은가!

이런 긴장감의 상대적 부재 내지 결여는 영화의 절묘한 유머 탓일 수도, 가족 드라마로서 영화의 운명 탓일 수도 있다. 영화의 주제 내지 문제의식 탓일 수도 있다. 자칫 영화가 공포성 괴물 영화로 치닫지 않을까, 우려한 감독의 의도적 선택일 수도 있다. 게다가 그 부재가 영화의 여타 미덕들을 치명적으로 훼손시키는 것도 아니다. 그럼에도 그로 인해 적잖이 허전하고 안타까운 것 또한 사실이다. 혹 너무 과욕을 부리는 걸지는 몰라도…."

여하튼 〈괴물〉은 〈기생충〉을 예고하는 개성 만점의 가족 희비극으로 손색없다.

사건보다는
인물·풍경·시대의 공기가 더 중요한…

2019년 9월 18일, 경찰에 의해 '화성연쇄살인사건' 진범이 특정
됐다. 당사자는 부인했다고도 하나, 이름하야 이춘재였다. 때문에
12월 17일을 기해 화성연쇄살인사건은 '이춘재연쇄살인사건'으로
변경돼 불린다. 한데 진범 특정 당시, 국내 방송 매체들이 사건 관
련 자료 화면으로 영화의 일부 장면을 가져다 쓰는 게 아닌가. 흔히
"영화는 영화다"라는 주장되곤 하나, 어떤 영화는 영화를 넘어 소위
'공론장'(Public Sphere)적 기능을 하기도 하는데 영화의 공적 역할
이 드러나는 결정적 순간이었다.

주지하다시피 문제의 영화는 다름 아닌 봉준호 감독의 〈살
인의 추억〉이었다. 김광림 원작의 연극 〈날 보러와요〉(1996)를

자유롭게 각색해, 1986년부터 1991년까지 경기도 화성군 태안읍 반경 2km이내에서 발생했던 10차례의 강간살인을 '팩션'(Faction=Fact+Fiction)적으로 극화한 범죄 스릴러다. 끝내 범인이 잡히지 않는다는 점에서 엄밀히 말해 스릴러라기보다는 미스터리요, 영화의 톤 앤 매너에서는 코미디 감성 풍부한 휴먼 드라마이기도 한, 한국영화사의 기념비적 혼성 장르 영화….

영화의 시간적 배경은 그 사건들이 벌어졌던 6년이 아니라, 형사 박두만(송강호)이 첫 번째 살인사건 현장에 나타나는 1986년 10월 23일부터 1년여에 걸친 시기와, 두만이 형사를 그만 두고 사업가로 살아가는 2003년 현재다. 여전히 그 사건이 미해결 상태임은 물론이다. 해결되지 않은 실제 사건을 저예산의 작가적 독립영화가 아니라, 2시간여의 대중·상업영화로 요리한다? 데뷔작으로 그다지 두드러지는 성과를 내지 못한, 미래가 불투명한 신예 감독이? 그것도 '살인의 추억'이란 오해 여지 다분한, 발칙한 제목을 내걸고? 돌이켜보면 그 도전은 무모할 대로 무모한, 일대 모험이었다. 당장 영화의 제재부터가 큰 흥행 성적을 내지 않으면 안 될 대중·상업영화에 적합하지 않았다.

평론가 김시무가 자신의 박사학위 논문 「라깡의 주체이론 재조명 : 〈살인의 추억〉과 〈장화, 홍련〉에 나타난 실재계 개념을 중심으로」(2004)에서 실제비평 부분을 발췌해 한국영화평론가협회 발간 연간지 《영화평론》 제16호에 게재한 '봉준호 감독의 〈살인의 추억〉

에 대한 최종 분석' 등에서 "화성연쇄살인사건은 도대체가 말이 되지 않는 어처구니없는 사건이었"다고 단언했듯, 그 말이 '되지 않는 사건'을 '말이 되는 사건'으로 만드는 것부터가 난제일 수밖에 없었다. 대중 관객들은 영화의 소우주적 이야기 세계인 디제시스(Diegesis)에서 어떻게든 사건이 해결되기를 기대하고 관람할 텐데, 애당초 그 기대를 충족시키는 게 불가능하다는 전제가 이미 깔려 있는 탓이다.

그렇다면 어차피 팩션인 〈살인의 추억〉은 판타지적 장치를 동원해, 안전하게 해피엔딩으로 나아가려 했던 것일까. 봉준호가 그럴 리는 없었다. 그는 장르 영화를 사랑하되, 결코 장르에 안주하는 감독이 아니지 않는가. 이데올로기적 성향·지향을 넘어, 비판적 리얼리스트 아닌가. 그가 그렇게 안이한 결말을 선택할 리 만무했다. 봉 감독이 〈기생충〉의 아카데미 정복 후 귀국 기자 회견에서, 오늘날의 국내 영화 환경에서는 자신이 만들었던 것들과 같은 영화들이 쉽게 투자 받기 어려울 거라고 발언한 것도, 그런 맥락(Context)에서였을 터. 〈살인의 추억〉은 그만큼 모험적 시도였다. 그 문제작이 단지 21세기만이 아니라, 한국영화 100년 역사의 최고작으로 평가받을 수 있다면, 무엇보다 그 모험성이 그 으뜸 요인임은 두 말할 나위 없다. "늘 변화하고 싶다"는 모험정신과 실천이 봉준호의 오늘을 가능케 한 상수였던 셈이다.

김시무도 진단했듯, "봉준호 감독은 사건 자체를 영화화하려고 했다기보다는 어째서 그 사건이 말도 되지 않는 사건이었는지 한 번 반성해볼 필요성을 절감했"을 터이다. 마침 제작사 우노필름 등이 〈플란다스의 개〉의 실패쯤이야 아랑곳없다는 듯 봉 감독과 다시 한 번 의기투합했고, 그 결과는 기록적 대성공이었다. 봉 감독은 김뢰하, 변희봉 등 전작에서 함께 했던 배우들을 조연으로 다시 부르고, 장차 자신의 페르소나가 될 최정상 배우 송강호 외에 대배우 송재호, 김상경 박해일 박노식 전미선 등 좋은 배우들을 기용해, 그간의 한국영화가 산출한 적 거의 없었던 문제적 대중·상업영화를 과연 '봉준호답게', 작가적으로 빚어내 흥행과 비평, 영화상 및 영화제 등 세 마리 토끼를 다 잡은 것.

〈살인의 추억〉은 한국영화의 효시 〈의리적 구토〉가 선보였던 1919년 10월27일부터 2018년 12월20일까지 개봉된 영화들을 대상으로 《스포츠동아》가 영화 전문가 100인에게 의뢰해 지난해 3월 발표한 조사에서, 유현목 감독의 〈오발탄〉, 박찬욱 감독의 〈올드보이〉 등을 제치고 한국영화 100년의 최고작으로 선정됐다. "1980년대 경기 화성연쇄살인사건을 모티브 삼아 한국사회의 한 단면을 담아냈"고, "'전무후무한 완성도'로 스릴러라는 '장르의 용광로에 시대와 인간을 녹여내'며 '대중성'을 획득"해냈다는 것. 영화는 해외 씨네필들이 봉준호 전작(全作) 중 으뜸으로 꼽고 있는 〈기생충〉의 세계 영화사적 쾌거 와중에도, 국내 영화 팬들로부터는 가장 높은 평가를 받고 있다.

나 또한 크게 다르지 않다. 한국영화 역대 베스트 순위에서 김기영의 〈하녀〉와 봉준호의 〈기생충〉, 이만희의 〈삼포가는 길〉, 이창동의 〈버닝〉, 이장호의 〈바람불어 좋은 날〉에 이어 6위에 위치시키고 있다. 프롤로그에서도 밝혔듯, 2010년대를 맞으며 선정한 '2000년대 한국영화 베스트 10'에서도 정상에 올랐다. 우선은, 젊은 관객들이 소재의 무게에 대한 부담 같은 걸 갖지 않고 드라마 전개의 치밀함, 캐릭터 및 연기 앙상블, 효과 만점의 음악 연출 등 영화적 재미에 흠뻑 빠져들었던 게 주효했다. 해피엔딩은커녕 연쇄살인사건의 진범조차 끝내 잡히지 않는 비주류적·도발적 내러티브에도 아랑곳없이 525만 관객이 열광하며, 2003년 박스오피스 1위를 차지했다는 사실이 그 재미의 단적인 증거였다. 필자의 경우 어느 매체에 '열린 결말'을 택하며 타협하지 않는 감독의 용기에 갈채를 보내면서도, "성공해서 정말 다행"이라며 안도의 한숨을 내쉰 것도 그 재미 덕택이었다. 최근 영화를 두세 번쯤 더 보며, 그 재미에 더욱 더 감탄했다. 시·청각 등 감각적 재미만이 아니다. 가슴을 후벼 파는 정서적 재미나, 우리의 두뇌를 때리는 지적 재미도 여간 강렬한 게 아니다. 그야말로 압도적이다.

사건의 해결이 목적이 아니건만 수준급 완급을 자랑하며 심심치 않게 터져 나오는 플롯의 '비틀기와 반전들'(Twists and Turns)에 숱하게 허가 찔린다. 대사의 맛깔들은 어떤가. 첫 조우 때 서류파 형사 태윤(김상경)을 성추행범으로 오인해 몸을 날려 가격하면서, "여기가 콩밭이냐, 어? 여기 강간의 왕국이야?"라고 내뱉는 직감과 형사 두만의 실감 가득한 독설이나, 살인 혐의로 취조를 받는 박현규(박해일)가 "아저씨들 죄 없는 사람 잡아다 족치는 거 동네 애들도 다 알아. 하여튼 난 안 당해. 절대 안 당해."라며 읊조리는 절규, 결말부에서 두만이 현규를 향해 던지는 "밥은 먹고 다니냐?"는 의외의 물음, 세월이 흘러 영화 도입부를 여는 사건 현장을 다시 찾은 두만이 얼마 전에도 한 아저씨가 다녀갔다는 소녀(정인선)의 말에 인상착의를 묻자, "그냥…뭐, 뻔한 얼굴인데. 그냥…평범해요."라는 소녀의 답변 등등….

일본 뮤지션 이와시로 타로가 구현한 음악 효과 또한 일품이다. 이미 〈플란다스의 개〉에서 확인된 봉 감독의 음악적 수준을 재확인시키기 모자람 없다. 영화를 열고 닫는 메인타이틀 선율도 그렇거니와, 라디오 프로그램을 통해 반복적으로 등장하는 유재하의 '우울한 편지'나 딱 한차례씩 나오는 윤승희 노래의 '제비처럼', 장현 노래의 '빗속의 여인' 등도 효과 만점이다. 개별 캐릭터들의 성격화나 캐릭터들 간의 '밀당들'도 시쳇말로 장난이 아니다. 특히 처음 만날 때부터 불꽃 튀는 충돌을 벌이는 두만과 태윤이 시간이 흐르며 서서히 상대방을 닮아가다 결국은 두만이 태윤처럼, 태윤이 두만처럼 변해가는 과정이 삼삼하다. 필자의 첫 번째 평론집 『영화의 매혹, 잔혹한 비평』(작가, 2008)에 실린 '배우 송강호―전혀 다른 세 가지 모습의 남자'에서도 진단했듯, "두만은 거의 모든 것이 적당주의·한탕주의 등으로 치달았던 낙후된 시대를 대변하는 일종의 기호였다." 기호이긴 태윤도 그렇고, 쩍하면 발길질에 주먹질을 해대는 무대포 폭력형사 조용구(김뢰하), 부하의 폭력을 나무라면서 말이 아닌 조인트 까기 따위 관행적 폭력을 행사하는 신반장(송재호) 등 여느 캐릭터들도 매한가지다. 그 점에서 대한민국의 수도 서울에서 구원투수로 투입된 (듯한) 태윤이 점차 '두만화' 되어 가는 것은 치명적인 극적 설정인바 의도 여부를 떠나, 〈살인의 추억〉이 관객들과 우리 사회를 향해, 나아가 세상을 향해 던지는 통렬한 메시지라 평하지 않을 수 없다.

영화의 시간적 배경인 1986년에서 87년 사이 석사 과정을 밟다 학위를 취득하고 6개월 방위로 군 복무를 밟고 있던 당시, 대한민국 사회가 얼마나 폭압적·후진적이었던가를 생생히 기억하고 있다. 그래서다, 1980년대 한국 사회를 떠올리면 자동적으로 〈살인의 추억〉이 연상되는 것은. 그런데도 영화는 그저 영화일 뿐이라고? 지나치게 순진한 난센스다. 자고로 영화 오락이야 말로 다채로운 이데올로기를 담고 전달하는 최상의 수단임을, 현실 역사가 입증하지 않았는가.

이쯤에서 연기에 대해 말하지 않을 수 없을 듯. 다른 이들은 생략하고 송강호의 연기만 말하련다. 상기 '배우 송강호'론을 다시 가져와보자. 송강호는 이 역사적 코믹 범죄 스릴러에서 "그 이전에도 그랬고 그 이후로도 그렇듯, 연기의 어떤 경지를 선보인다. 난생 처음

형사로 분해 직업적 거침을 주저하지 않고 발휘하면서도 동시에 인간적 나약함을 맥없이 드러내는 극히 입체적이며 복합적 연기를 그야말로 환상적으로 펼친다. '역시, 송강호군!'이라는 감탄이 절로 나올 정도로. 〈밀양〉의 종찬과 〈괴물〉의 강두를 뒤섞어 놓은 듯한 캐릭터인 형사 박두만처럼, 송강호는 두 영화에서의 송강호를 뒤섞어 놓은 듯한 총체적 연기를 과시하는 것이다. 종찬에게 부재 혹은 은폐되었으나 강두에게선 과잉이었던 감성과, 강두에게 결여되었으나 종찬에겐 충만했던 이성을, 그리고 그 두 인물에게 공히 부족했던 짙은 페이소스를 '적절히' 담아서 말이다." 그렇다면 송강호의 세 연기를 이렇게 요약할 수 있지 않을까. "예의 변증법을 동원해, 감성적 측면을 상대적으로 더 중시한다는 측면에서 강두가 '정'의 연기라면 그에 반해 이성·지성적 측면을 더 중시한다는 측면에서 종찬은 '반'의 연기며 두만은 '합'의 연기라고." 연기 성격을 근거로 편의상 나눈 것이지, 연기의 우열을 기준으로 삼은 분류는 아니라는 단서를 달아….

박찬욱의 〈올드보이〉나 홍상수의 〈돼지가 우물에 빠진 날〉(1996) 등을 넘어, 〈살인의 추억〉이 〈살인의 추억〉으로 비상할 수 있었던 최강 덕목은 그러나 위의 영화적 재미들은 아니지 않을까. 그보다는 두만, 태윤, 용구, 신반장 등 캐릭터들 안에 내포돼 있고, 그들의 언행을 통해 외연적으로 표출되는 시대성의 징후(Symptom)들 덕분 아닐까. 관련해 현 전주영화제 문석 한국영화 프로그래머가 과거

《씨네21》에서 했던 리뷰가 단연 눈길을 끈다. 〈살인의 추억〉은 "형사와 살인범 사이의 게임을 그리는 영화가 아니다. 관객에게 두뇌 싸움을 거는 작품은 더더욱 아니다. 치명적 매력을 가진 살인마도, 이상심리의 경찰도 여기엔 등장하지 않는다. 교묘하게 숨겨놓은 단서나 관객의 다리를 거는 함정이 존재하지 않는 것이다. 대신 스크린을 가득 메우고 있는 것은 범인에게 희생당한 피해자의 절규와 악랄한 범행에 치를 떠는 형사들의 분노, 그 모든 것을 조장 또는 방조한 시대의 침묵이다." 형사들의 분노는 관객의 분노로 전이된다. 그 분노는 연쇄살인범은 물론 조폭조직 같은 형사들로, '시대의 침묵'으로 향한다. "〈살인의 추억〉은 특정한 연쇄살인을 소재로 삼았지만, 그것은 사건의 영화라기보다, 풍경의 영화이며 무엇보다 시대의 공기에 관한 영화다."

〈살인의 추억〉을 계기로 봉준호는 한국영화의 현재와 미래를 짊어지며, 일약 스타덤에 등극한다. 감독에게는 썩 반갑지만은 않은 '봉테일'이란 별칭과 더불어. 하지만 그 스타덤은 아직은 국내에 한정된 것이었다. 해외에서의 본격적 스타덤은, 또 다른 봉준호의 변화인 〈괴물〉까지 기다려야 했다.

많은 이들의 재독해·재평가를
기다리고 있는 문제작

대학 시간강사 고윤주(이성재)는 교수 추천에서 또 다시 떨어진다. 자신에 비해 돈 잘 버는 처 은실(김호정)에게 심심치 않게 무시당하고 교수 자리는 아득한데 시도 때도 없이 강아지가 짖어대니 미칠 지경, 견디다 못한 윤주는 강아지 한 마리는 아파트 단지 지하실에 감금하고, 또 다른 한 마리는 옥상에서 추락사시킨다. 아파트 관리사무소 경리 직원 박현남(배두나). 몸으로는 사무실을 지키고 있으나 마음은 다른 데에 가 있기 일쑤다. 맨손으로 강도를 잡아 영웅이 된 새마을금고 직원을 부러워하는 것으로는 성에 안 차, 실종된 강아지들을 되찾아 그처럼 영웅이 되고 싶다고 할까. 윤주가 아파트 지하실에 가두었던 첫 번째 강아지는 경비 변씨(변희봉)와 부랑자 최씨(김뢰하)의 한 끼 식사거리로 처분된다. 현남은 두 번째 강아지가 유일한 가족이었던 할머니를 위해 강아지 찾기에 필사적이다. 한데 어느 날 은실이, 비싼 돈을 들여 윤주가 그토록 싫어하는 강아지를 사온 게 아닌가. 그 강아지를 돌보는 임무가 윤주에게 떨어지고, 난처해질 사이도 없이 강아지 순자가 사라지면서, 강아지를 향한 윤주의 생각·입장이 바뀐다. 현남과 더불어 윤주까지 가세한 강아지 찾기는 더욱 가속도가 붙는데, 과연 그들은 순자 찾기에 성공할 수 있을까? 그리고 고윤주는 과연 교수가 될 수 있을까?

보도자료를 빌려 다소 길게 옮겨본 〈플란다스의 개〉 줄거리다. 20년의 시차를 둔 현재 시점에서 언뜻 판단컨대, 야심찼으나 소박한 그 장편 데뷔작에서는 남다른 주목을 끌만한 특별한 '꺼리들'을 찾기 여전히 힘들어 보인다. 왜 하필 강아지 이야기였을까. 요즈음이라면 모를까. 1994년 한국영화아카데미 재학 시절 연출했던, 5분이 채 안 되는 단편 〈프레임 속의 기억들〉의 방울이에 대한 예닐곱 살 때의 아련한 추억을 소환·재현하고 싶었던 것일까. 어느 날 사라져버려 꿈속에서 나타날 정도로 찾고 싶었으나, 끝내 찾지 못했던 강아지. 실은 요새도 강아지 스토리는 좋은 영화거리는 아니다. 언제부터인가 '먹방'처럼 여기저기서 만들어지고 있는 방송 TV라면 몰라도.

최근의 그 증거가 수작 애니메이션 〈언더독〉이다. 〈마당을 나온 암탉〉(2011)의 명장 오성윤 감독이 동료 이춘백과 함께 메가폰을

잡고 7년여의 피와 땀을 바쳐 빚어내, 2018년 제22회 부천국제판타스틱영화제의 문을 열고, 그 기세를 몰아 2019년 1월 야심차게 선보인 또 한 편의 역작 애니메이션. 그 "견생역전을 꿈꾸는 댕댕이들의 위대한 모험"은 충분히 즐길 만했다. 작화 등 여러모로 수준급이었다. 실사 영화의 기준으로 보더라도 드라마의 속내나 플롯의 완급 역시 몰입할 만했다. 한데 누적관객이 20만 명도 채 되질 않았다. 2,204,374명으로 극장 개봉 역대 한국 애니 1위작의 감독이 전력투구해 만들어낸 가작이거늘. 그 애니 또한 〈플란다스의 개〉처럼 너무 성급한 프로젝트였던 걸까.

하긴 유승호 김향기 달이(마음이 역) 주연의 〈마음이…〉(2006, 박은형 & 오달균)나, 달이 성동일 김정태 송중기 주·조연의 〈마음이2〉(2010, 이정철)처럼 소담한 흥행 성공을 일군 개 주인공 영화들이 있긴 하다. 두 영화는 각 80여만 명과 약 70만 명을 불러들였다. 하지만 〈개를 훔치는 완벽한 방법〉(2014, 김성호)의 경우는 이레 이지원 홍은택 세 아역 배우에 김혜자, 최민수, 강혜정, 이천희 등 연기파 배우들의 대거 가세해 힘을 실었건만, 30만을 넘는데 만족해야 했다.

프롤로그에서도 평했듯, 사실상 〈플란다스의 개〉에서 강아지들은 일종의 맥거핀 장치에 불과하다. 영화는 강아지라는 미끼를 통해 극 중 윤주와 은실의 페이소스 머금은 드라마, 추측컨대 감독 봉준호와 그 '못난'(?) 남편을 지켜주는 사려 깊은 아내의 감동 스토리를 보여주고 들려주고 싶지 않았을까, 싶다. 그 이야기만 하면 남사스러울 수 있으니, 강아지들을 이용해 윤주와 현남의, 나아가 경비 변씨, 집 없는 노숙자 최씨의 드라마들까지 곁들였을 듯 하고. 혹 최씨와 변씨 이야기를 하고 싶어서, 윤주와 은실, 현남을 '활용'한 것은 아니었을까, 싶기도 하다. 〈기생충〉에서 지하세계의 근세(박명훈)와, 그 지하의 남편을 살리기 위해 지하와 지상을 수시로 왔다 갔다 해야만 하는 문광(이정은)의 이야기를 하고자 반지하와 지상의 가족 이야기들을 전면에 배치했듯…. 동의 여부에 상관없이 나는 〈기생충〉을 그렇게 해독했다. 그러고 보니 윤주-은실 관계와 근세-문광 관계는 완전히 상통한다. 기생이건 상생이건 여자가 남자를 먹여 연명하게 한다는 설정도 판박이다. "여자는 남자의 미래"이기 전에 그 과거요 현재인 셈이다.

단편 시절의 독립적 감수성의 연장선상에 있기 위해 노력한 영화였다, 는 〈플란다스의 개〉는 이래저래 몇 발 앞섰다는 느낌을 떨칠 수 없다. 작의에는 충실했겠으나, 무엇보다 대다수 관객들에게 아련한 동화로 기억될 스토리를 완전히 전복시켰으니 말이다. 역사에서 가정은 무의미하다고도 하지만, 가령 〈살인의 추억〉과 〈플란다스의 개〉의 순서가 뒤바뀌었다면 어땠을까? 그랬더라면, 감독 스스로도 "짜치다"('쪼들리다'의 방언)고 쑥스러워하는 〈플란다스의 개〉는 봉준호 영화세계의 어떤 경향으로 확고히 자리 잡지 않았을까. 〈기생충〉을 계기로 봉 감독의 장편 전작은 물론 단편들까지 다시 찾아보며 품게 된 생각은, 〈플란다스의 개〉야 말로 봉준호의 단편들과 장편들을 이어주는 가교라는 것이다. 따라서 그 데뷔작을 통하지 않고는 봉 월드에 제대로 진입할 수 없으며 이해할 수도 없으리라는 것이다. 〈플란다스의 개〉를 보고 또 보고, 자꾸 그 영화로 되돌아가게 되는 것은 그 때문이다.

재평가돼야 할 문제작으로서 〈플란다스의 개〉에 대한 간단 리뷰는 우선 프롤로그를 참고하길 권하련다. 대신 그 문제작이 선보였던 2000년도의 한국영화 지형도를 다시금 소환해보련다. 새로운 밀레니엄의 첫해 첫날을 장식한 영화는 이창동 감독의 〈박하사탕〉이었다. 5·18민주화운동을 배경으로, "국가폭력으로 인한 개인의 비극·파멸을 실험적 플롯으로 제시"한 "〈초록물고기〉에 이은 이창동의 영화적 진화"이자, 한국 영화사의 확연한 진일보. 그 걸작과 더불어 2000년을 빛낸 영화들이 적잖았다. 그 첫째가 박찬욱 감독의 3번째 장편 연출작 〈공동경비구역 JSA〉(개봉 9월 9일)이었다. 서울 250여만, 전국 580만에 근접한 흥행 대박을 터뜨렸으며, 비평적으로도 〈박하사탕〉 등과 더불어 '2000년의 영화'로 손꼽혔던 수작이다. 박찬욱의 출세작으로도 유명한데, (고)김기덕 감독의 〈남과 북〉(1965)에 이어 한국 분단영화의 어떤 전환점(Turning Point)으로서 그 역사적 의의는 아무리 강조해도 지나치지 않다. 지금은 '등급분류의 추억' 쯤으로 기억되곤 있으나 '북한군을 미화한 것 아니냐' 등의 이유로 영화등급분류 전문소위로부터 심의에 참여했던 8명인가 7명 중 단 한 명—필자였다!—을 제외하고는 모두 청소년관람

불가 선고를 받았다가, 재심에 의해 15세 관람가 등급으로 '구제'된 해프닝의 주인공이기도.

이들만이 아니다. 한국영화 사상 처음으로 칸영화제 경쟁 부문에 입성하는 임권택 감독의 〈춘향뎐〉이 〈플란다스의 개〉(2월 19일) 3주 전에, 한국 코믹 휴먼 드라마의 최고봉인 김지운의 〈반칙왕〉이 그 2주 전에, 베니스영화제 경쟁에 초청된 김기덕의 〈섬〉이 그 2달 여 후에, 〈강원도의 힘〉에 어어 칸 주목할 만한 시선에 2번째로 초대된 홍상수의 〈오! 수정〉과 2000년대 한국 멜로영화의 한 개가인 김 정권의 〈동감〉이 5월 27일에, 주목도·화제성 등에서 봉준호보다 여러 수 위였던 2000년(대)의 신예 류승완의 〈죽거나 혹은 나쁘거나〉가 7월 15일에, 그리고 〈비천무〉(7월 1일, 김영준), 싸이렌(10월 28일, 이주영), 〈단적비연수〉(박제현), 〈리베라 메〉(이상 11월 11일, 양윤호) 등 실패하거나 절반의 성공에 그친, 일련의 소위 '한국형 블록버스터들'이 크고 작은 화제들 속에서, 앞서거니 뒤서거니 선보였다.

이렇듯 〈박하사탕〉과 〈공동경비구역 JSA〉로 대표될 '거대담론'의 2000년도 한국영화판에, 〈플란다스의 개〉처럼 아기자기한 웰메이드 소품이 자리할 틈은 거의 없었던 것이다. "영화는 타이밍", 이라고 〈플란다스의 개〉의 상대적 부진은 영화 자체의 문제라기보다는 기획의 문제요 시대의 문제였다(고 할 수 있다). 〈살인의 추억〉이 2000년에, 〈플란다스의 개〉가 2003년에 선보였다면 한국 영화사의 흐름은 상당 정도 달라졌으리라고 상상하는 것은 그래서다. 전자는 그야말로 2000년의 거대담론에 완전히 부합하는 영화기에 해보는 가정이다. 후자는 〈살인의 추억〉은 말할 것 없고 〈클래식〉(곽재용)과 〈지구를 지켜라〉(장준환), 〈장화, 홍련〉, 〈봄 여름 가을 겨울 그리고 봄〉(김기덕), 〈황산벌〉(이준익), 〈올드보이〉, 〈실미도〉(강우석) 등 문제적 한국영화들이 대거 출현하며 대폭발했던 2003년에 딱 어울리는, 개성 만점의 휴먼 블랙 코미디 아닌가.

빈말이 아니라, 〈플란다스의 개〉는 예나 지금이나 '문제적'이다. 봉준호가 김기영, 히치콕 감독과 나란히 꼽을 정도로 야드버즈·레드 제플린의 그 명 기타리스트 지미 페이지에 열광했었고 지금도 여전히 존경하고 있으리라는 사실을 감안한다면, 이 문제작은 어쩌면 영화음악에 바친 영화일 수도 있지 않을까. 삶에서 가장 중요한 인간적 덕목인 자유와, 무질서(혹은 무계획?) 속에서도 살아 숨 쉬는 질서(계획)로 축약될 재즈 미학(봉감독의 음악적 열정·수준은 〈설국열차〉 인터뷰를 참고할 것.)을 통해 자신이 장차 걸어갈 길을 제시하고자 한 일종의 영화선언이랄까?《쿨투라》10월 호 특집 '한국영화 100년'에 보냈던 「〈아리랑〉(1926)에서 〈기생충〉(2019)까지…한국 영화음악 100」에서 그 음악에 대해 "재즈 감성 가득한 한국 영화음악의 어떤 돌연변이?"라고 평한바, 그 음악 효과는 가히 기념비적이다. '한국 영화음악 베스트 10' 안에 들어갈 자격 충분하다. 허진호 감독의 대학동료로 〈8월의 크리스마스〉를 통해 영화계에 발을 내딛은 철학박사 조성우의 작곡 솜씨나 음악 연출은, 그 동안 걸 맞는 평가를 넉넉히 받아왔지 못했다는 사실을 인정해야 할 것 같다.

영화는 '배두나의 발견'이자 이성재와 김호정의 '재발견'으로도 손색없다. 〈플란다스의 개〉가 없었다면, 〈괴물〉의 박남주는 물론이거니와, '박찬욱 월드의 또 다른 최고봉' 〈복수는 나의 것〉(2002)의 영미도 없지 않았을까. 이성재와 김호정도 마찬가지다. 〈미술관 옆 동물원〉(이정향)으로 1999년 청룡상과 대종상 신인남우상을 휩쓸고, 뒤이어 액션 코미디 〈주유소 습격사건〉(1999, 김상진)의 막가파적 악당 노마크 역으로 연속 연타를 날린 신예 이성재가 그렇게 섬세한 좋은 연기자인 줄은 미처 인지하지 못했었다. 당사자에겐 미안한 평가지만, 김상진의 〈신라의 달밤〉(2001), 강우석의 〈공공의 적〉(2002), 양윤호의 〈홀리데이〉(2006) 등 이런저런 화제작들에서 꽤 인상적 열연을 펼쳤건만, 단 한 번도 그를 좋은 연기자로 여겨본 적이 없었다. 김호정은 일찍이 문승욱 감독의 수작 〈나비〉(2001)나 임권택 감독의 〈화장〉(2015) 등을 통해 얼마나 좋은 연기자였는지는 익히 알고 있었으나, 〈플란다스의 개〉에서 그렇게 속 깊은 역을 멋들어지게 소화했다는 사실을 뚜렷이 인식하지 못해왔었다. 그러니 어찌 두 배우의 '재발견'이라 평하지 않을 수 있겠는가.

〈살인의 추억〉과 〈괴물〉 등으로 이어지는 경비 변씨 변희봉이나, 단편 〈백색인〉부터 〈지리멸렬〉을 거쳐 역시 〈살인의 추억〉, 〈괴물〉 등으로 이어지는 부랑자 최씨 김뢰하의 존재감도 큰 주목감이다. 마치 초현실주의 데페이즈망(dépaysement) 기법을 실험해보고 싶은 양, 〈살인의 추억〉에서 잠깐이나마 다시 등장하는 '보일러 김씨' 관련 사연부터가 그렇다. 변씨가 순찰 중인 관리소 주임(권혁풍)에게 들려주는, 느닷없는 장광설로 비치기도 하는 그 에피소드가 사실은 일명 '부패 공화국' 대한민국의 부끄러운 과거요 현주소 아닌가. 그 물적 증거가 숨 쉴 틈도 없이, 빼곡히 들어서 있는 아파트 단지들이고. 최씨가 구체적으로는 범죄를 저지르지 않았으며, 부랑자라는 존재와 (때론 부당하게) 연결되곤 하는 악당성과는 무관한 캐릭터라는 것도 각별한 눈길에 값한다. 〈기생충〉의 근세나 기택 캐릭터와 마찬가지로. 비록 변씨와 최씨 두 인물이 죄 없는 강아지들을 별 다른 죄의식 없이, 불법으로 잡아먹거나 먹으려 한다는 점 등에서는 일정 정도 눈살을 찌푸리게 하는 것도 사실이긴 하나 말이다.

〈살인의 추억〉 이전에 이미 〈플란다스의 개〉에서 '봉준호다운 섬세한 디테일'(봉테일)이 돋보인다는 점도 문제적이다. 오해·오인의 모티브로 내러티브를 추동해가는 솜씨며, 은실의 퇴직금 관련 에피소드나 무말랭이 에피소드 등 예측을 불허하는 감독 특유의 극적 우여곡절들(Twists and Turns), '결초보은'을 '결초보훈'으로 받아들이고 응수하는 현남 캐릭터에서 우러나는 페이소스 등 숱한 디테일들도 돋보인다. 장르 혼성은 또 어떤가. 음악 요리도 그렇지만, 블랙 코미디와 공포 코드 등을 능숙하게 융합하는 솜씨에서 일찌감치 〈기생충〉을 예고한다.

물론 거슬리는 지점들이 없지 않다. 아직은 성숙하지 못한 언어

감수성이 적잖이 걸린다. 전직 대통령도 스스로를 그렇게 일컫기도 했으니 "바보"야 그렇다손 쳐도, "병신" 같은 부주의한 단어를 무심코 내뱉거나, "외판원 같은 거" 같은 표현이 터져 나오는 일부 장면들을 보며, "그때는 봉준호도 별 수 없었네" 등의 생각이 들었다면 어떨까. 외판원이 뭐 어때서, 세상에 얼마나 많은 사람들이 외판원으로서의 삶을 영위하는데, 그런 식의 무시·모욕성 발언을 들어야 하는 것인지 의문스럽다면, 과민반응하는 것일까? 봉 감독이 그런 현실을 모를 리 없을 테기에 던져보는 문제제기다.

물론 안다. 그런 대사들은 주로, 윤주와 현남 같은 주인공이 아니라 현남의 친구인 뚱녀 윤장미(고수희)의 입에서 나온다는 것쯤은. 그렇더라도, 그래서는 안 되지 않을까. 좀 더 세심한 고려를 했어야 했지 않을까. 그 뚱녀 캐릭터를 비판·극복하자는 게 영화의 목적이 아니라면, 뚱녀니까 그래도 된다는 식의 설정은 오해·비판 받아 마땅하지 않을까. 뚱녀가 세속의 기준으로 미녀는 아닐지언정 악한 캐릭터와는 거리가 먼, 현남의 둘도 없는 단짝 친구 아닌가. 현남과 뚱녀가, 아무 거리낌 없이 발로 차 부숴, 남의 차에서 가져온 백미러로 아파트 단지로 햇볕을 향해 반사시키며 마무리 짓는 영화의 엔딩 신은, 내포적으로나 외연적으로 퍽 인상적인 영화의 결말 처리다.

상기 실수들이 문제작으로서 〈플란다스의 개〉의 자격을 뒤흔드는 것은 아니다. 〈플란다스의 개〉는 많은 이들의 재독해·재평가를 간절히 기다리고 있는 중이다.

봉월드에 다다르기 위한 또 다른 가교들

단편소설이 장편소설로 나아가기 위한 수단만은 아니듯, 단편영화 역시 장편영화와는 다른, 크고 작은 독자적 특성·미학 등을 지니고 있기 마련이다. 단편 고유의 생략미, 간결미, 압축미, 파격미, 충격미 등등. 그럼에도 단편이 더욱 전격적인 함의에서의 영화세계로 나아가는 데 요청되는 주요 자양분이 될 수 있는 것도 사실이다. 달리 말해 장편에 이르는 가교로서 단편의 역할 또한 간과할 수는 없는 것이다.

"단편" 하면 필자에게 자연스레 떠오르는 딱 한 편을 꼽아보라면, 영화 변방 뉴질랜드 출신 감독 제인 캠피언의 존재감을 널리 알린 〈필〉(Peel)이다. 1982년 호주 영화 & TV학교 1학년 재학 중 연출해, 1986년 칸영화제 단편 경쟁 부문 황금종려상을 거머쥔 파란의 9분짜리 명품 단편. 자동차로 귀가하는 도중에 쉬지 않고 오렌지 '껍질'(Peel)을 차 밖으로 내 던지는 아들과, 그 아들의 비행을 중단시키려는 아버지, 혹 늦게 도착하면 좋아하는 TV 시리즈를 놓칠까 신경이 곤두선 딸 간에 벌어지는 해프닝적 사건과 신경전을 인상적으로 극화했다. 20여 년 전쯤 칸에서 그 걸작을 관람하며 맛보았던 임팩트는, '단편의 재발견'이라 해도 과언이 아닐 만큼, 아직도 생생히 기억하고 있는 강렬한 영화체험이었다. 제인은 〈필〉로부터 7년 뒤인 1993년, 〈피아노〉로 칸 장편 황금종려상을 (첸 카이거의 〈패왕별희〉와 공동) 수상한다. 〈필〉의 쾌거가 없었다면 과연 그 생애의 영예—그때로부터 26년이 지난 2019년까지 칸은 여성 감독에게 그 영예를 안기지 않았다!—가 가능했을까.

제인 캠피언에게 〈필〉이 있다면, 봉준호에겐 이 명 단편이 있다. 한국영화아카데미 3차 작품 〈지리멸렬〉(支離滅裂/Incoherence, 1994)이다. 세계 최고 국제영화제인 칸을 간 것도 아니고 1995년 밴쿠버국제영화제, 1996년 홍콩국제영화제 초청 정도에 그쳤으며, 그 단편에서 〈기생충〉까진 25년이란 긴 세월이 흘러야 하지만 말이다. 〈지리멸렬〉은 블랙 코미디 장르에 옴니버스 형식으로 대한민국 기득권층의 이중성을, 나아가 한국 사회의 부조리를 통렬하게 꼬집은 1990년대의 대표 국산 독립 단편영화 중 하나다. 도색 잡지를 즐겨보는 교수(유연수)의 에피소드 1 〈바퀴벌레〉, 트레이닝 복장에 아침운동을 하면서 남의 문 앞에 놓여있는 우유를 습관적으로 훔쳐 먹는 양체 중년 사내(윤일주)의 에피소드 2 〈골목 밖으로〉, 만취해 아파트 단지 구석에 대변을 보려다가 경비원에게 들켜 곤경을 치르는 양복 차림 신사(김뢰하)의 에피소드 3 〈고통의 밤〉, 그리고 그들 세 '지식인'이 TV 시사 프로그램에 출연해 사회 문제에 관해 한바탕 대담을 나누는 〈에필로그〉, 4부로 이뤄졌다. 러닝 타임은 약 29분.

에필로그에 이르기 전까지 관객들은 2부와 3부 에피소드의 주인공들의 정체를, 막연히 짐작만 할 수 있을 뿐, 구체적으로 알 수는 없다. 두 번째 에피소드 막판, 늘 우유를 도둑질 당하는 집 대문에 가정부가 '조선일보 사절'이라는 고지서를 붙이는데, 다름 아닌 그 신문사 논설위원이다. 양복 신사는 서울지검의 잘 나가는 변 검사란 사실이 드러난다. 그런 사회 고위층 3인이 대한민국 사회가 어떻다느니, 하며 대략 떠벌린다. 진정성 있을 리 만무다. 그 얼마나 통쾌한 반전인가.

반전성 플롯 외에도 심심치 않게 보이고 들리는 TV 영상들과 소리들, 가파른 계단, 비좁고 복잡한 골목 등 봉월드를 관통하는 이미지들과 사운드들이 즐비하다. 첫 장편 〈플란다스의 개〉가 봉월드의 출발점이라고 했으나, 단편 〈지리멸렬〉이 그에 앞서, 봉준호 영화 세계의 원류인 셈이다. 아니, 〈지리멸렬〉 이전에 만들어진 그 원류가 있다. 〈백색인〉(1993)이다. 군 제대 후 만들었다는, 연세대 영화

동아리 '노란 문'에서 활동하며 만든, 19분짜리 첫 번째 영화 연출작. 간단한 줄거리 소개만으로도 '봉준호스럽다'.

디자인 관련 업무를 하는 듯한 화이트칼라 회사원인 주인공(김뢰하)은 어느 날 출근길에 잘려진 검지 손가락마디를 발견한다. 누구의 손가락인지, 왜 자기가 사는 아파트 단지에 그런 손가락마디가 버려져 있는 건지 따위엔 아랑곳없이, 그는 그 손가락을 주워 깨끗이 씻어 갖고 다니며, 다용도 장난감처럼 가지고 논다. 전화번호를 누르고, TV도 켜고, 기타도 치고 등등. 얼마 후 TV에서 작업 도중 손가락이 잘린 산업재해 노동자(안내상)가, 회사 사장이 사는 아파트를 찾아가 폭력을 행사해 전치 6주 사고를 냈다는 뉴스가 보도된다. 다음날 회사 출근길, 그는 애지중지하던 그 손가락을 동네 개에게 던져주고 제 갈 길을 간다.

〈지리멸렬〉이나 〈백색인〉이나 내러티브에서 돋보이는 건 우선, 봉준호다운 사회비판적 문제의식이다. 회사원이건 사회 고위층이건 소위 '가진 자', '기득권자'의 허위의식이나 언행불일치, 양면성 등을 통렬하면서도 블랙코미디 등의 장르적 장치로 슬쩍 비틀어 비판·고발의 화살을 능숙하게 날린다. 봉준호의 모든 영화들에 관객들이 일정한 거리를 견지하면서 즐길 수 있는 것은 무엇보다 그런 영화적 장치들 덕분이다. 결국 〈기생충〉으로까지 이어질 봉월드의 토대는 이미 첫 번째 단편 〈백색인〉때부터 구축되기 시작한 것이다.

하지만 〈백색인〉 정도의 문제의식이나 제재는 봉준호만의 것이라 할 것도, 그다지 대단한 것이라 할 수는 없다. 그것들보다 더 큰 주목을 요하는 건, 2020년 지금 이 시점의 시선으로 판단해도 혹할 만한 만듦새, 이른바 영화적 완성도다. 〈괴물〉의 제작자 최용배 청어람 대표가 〈백색인〉을 보고 일찌감치 그를 점찍어 놓았다는데, 그럴 만했다. 영화는 영화아카데미에서 만든 두 단편 〈지리멸렬〉이나 〈프레임 속의 기억들〉보다 한 수 위다. 당장 음악 연출이 여느 학생 영화의 그것과는 수준이 달라도 한참 다르다. 프로페셔널의 냄새가 물씬 풍긴다. 그도 그럴 것이 이병우(〈장화, 홍련〉〈괴물〉〈왕의 남자〉〈괴물〉)가 함께 했다. 요한 제바스티안 바흐의 '바이올린과 오보에, 현들을 위한 콘체르토 D 단조 2악장 아다지오'를 비롯해 그의 첫 번째 기타 독집 〈내가 그린 기린 그림은(항해)〉에 실린 '4월'과 '새' 등을 적재적소에 배치해 영화 감상의 맛을 배가시켜준다. 봉 감독이 아버지 지갑 속 와이셔츠 상품권을 슬쩍 해 주인공으로 캐스팅했다는 연극배우 김뢰하의 실감 연기는 '엄지 척'이다. 〈넘버 3〉의 조필 역 송강호 못잖다. 날로 늘어나고 있는 아파트 단지와 예의 주택가를 대비해 보여주는 미장센·몽타주 호흡도 일품이다. 자가용이 고장 나 맡기고, 주인공이 고지대에 있는 아파트로 가기 위해 고불고불 골목길들을 걷고, 높이 뻗어 나 있는 길고 가파른 계단을 오르는 시퀀스는 〈기생충〉 등에서 목격될 데자뷔(deja vu)다.

〈백색인〉과 〈지리멸렬〉에 비하면, 그 사이 영화아카데미에서 만든 5분짜리 〈프레임 속의 기억들〉은 지나치게 소박한 감이 없지 않다. 두 영화에서 보이는 사회고발성 등은 아무리 눈을 씻고 찾으려 해도 없다. 하나 이 단편 또한 만듦새가 눈과 귀를 잡아끈다. 만화 그리기 등 그림에 걸출한 재능을 지녀온 감독답게, 회화적 구성이 돋보이는 미장센과, 소년의 부모를 보여주지 않으면서 목소리로만 그 존재감을 드러내는 연출하며, 현장 소음과 묵음 등을 효과적으로 결합해 전달하는 사운드 편집 등이 인상적이다. 영화의 마지막, 소년의 정지된 얼굴 클로즈업 화면은 강두의 정지된 얼굴 클로즈업으로 끝나는 〈살인의 추억〉과 직결되면서, 제목을 포함한 영화의 상관성을 적시한다. 프랑수아 트뤼포의 〈4백번의 구타〉(1959)를 향해 진심 어린 오마주를 바치면서….

그리고 보니 〈플란다스의 개〉는 위 세 단편의 총합+@, 아닌가. 단편 영화의 인디펜던트 마인드를 잃지 않으려고 노력했다. 더니 유명 감독도 아니고 봉 감독의 단편들을 봤을 관객들이 극소수에 불과했을 상황에서 〈플란다스의 개〉를 즐기기란 애당초 무리였다. 나 역시 마찬가지다. 〈지리멸렬〉은 그 명성을 익히 들어 일찌감치 보긴 했으나 나머지 두 편은 최근에야 찾아보지 않았는가. 필자가 〈플란다스의 개〉에 대해 반복적으로 언급하는 것도 위 단편들과의 직접적 관련성 때문 아니겠는가.

위 세 단편이 〈플란다스의 개〉로 수렴된다면, 그 이후 선보이는 일련의 단편들은 이전의 단편들과는 판이하게 다른 색깔, 다른 지향을 드러내며 다른 지점을 향해 확산돼 나아간다. 크게 3편이 특별 거론될 만한바, 〈싱크 & 라이즈 – 디지털 단편 옴니버스 프로젝트 이공(異共)〉(2003, 약 8분30초)과 〈인플루엔자〉(2004, 30분), 그리고 미셸 공드리[〈아키라와 히로코〉(Interior Design)], 레오 카락스[〈광인〉(Merde)]와 공동 작업한 단편 옴니버스 3부작 〈도쿄!〉(2008)의 3부인 〈흔들리는 도쿄〉다.

8분 30초의 〈싱크 & 라이즈〉는 설립 20주년을 맞았던 영화아카데미 출신 감독 20명이 연출한 20편의 단편을 모은 옴니버스 영화 〈이공〉 중 한 편이다. 봉 감독의 작가적 재치가 돋보이는 영화는, 다른 무엇보다 〈괴물〉의 모티브가 된 단편이라는 데 그 의미가 있다. 한적한 한강 고수부지 매점. 꼬질꼬질해 보이는 빈털터리 부녀 재문(윤제문)과 인선(정인선)이 딸의 바람대로 과자를 살 것인지, 아빠의 주머니 사정에 따라 삶은 계란을 살 것인지를 놓고 티격태격한다. 세 개들이 삶은 계란 한 줄을 샀으면서도 정작 돈은 내지 않는 재문이 삶은 계란이 물에 뜬다고 하자, 매점주인 희봉(변희봉)은 매점생활 20년에 그런 이야기는 처음이라고 반박하고, 두 어른은 그 여부를 두고 내기에 돌입한다. 재문은 딸을 걸고, 희봉은 매점 과자들을 걸고….내기의 승자는 과연 누가 될까?

누가 봉준호 아니랄까봐, 재기발랄하다 못해 엉뚱하다. 결과를 미리 알려줄 수는 없는 노릇이고, 그 내기의 승부가 여간 궁금하지 않다. 이 옴니버스 영화 〈이공〉은 정식 개봉을 하지는 못했다. 대신

S통신사 모바일서비스인 JUNE을 통해 매일 한 편씩 공개되었고, 영화아카데미 영화제 개막작으로 상영되었다고. 흥미로운 후일담은 변희봉과 윤제문은 〈괴물〉에 매점주인 희봉과 신원불명의 노숙자로 등장하나, 정인선은 다른 스케줄 탓에 출연 제의를 거절해, 어쩌면 맡았을 수도 있을 현서(고아성) 역을 놓쳐 버렸던 것일 지도 모른다는 것이다. 만의 하나 정인선이 현서로 분했다면, 〈괴물〉은 과연 어떻게 변했을지 자못 궁금하다. 〈살인의 추억〉 리뷰에서 밝혔듯, 정인선은 영화 말미에 등장해 송강호가 분한 두만에게 얼마 전 그 현장을 다녀간 남자의 인상착의를 설명하는 그 어린 연기자였다.

〈인플루엔자〉(약30분)는 제5회 전주국제영화제에서 월드 프리미어된 옴니버스 영화 〈거울에 비친 마음: 디지털삼인삼색2004〉 중 한 편이다. 영화는 한강다리 위에 위태롭게 서 있는 조혁래(윤제문)라는 한 남자의 모습에서 시작한다. 무심한 CCTV 카메라에 잡힌 남자의 형색은 초라하기 짝이 없다. 이어지는 CCTV 화면들…그 안에서는 조혁래의 내리막길과 더불어 그를 둘러싼 우리의 모습들도 동시에 보인다. CCTV 안 화면들은 점점 더 부조리한 영상으로 변해가는데, 조혁래의 4년간을 추적·포착하는 구성을 취하고 있다….

특기할 점은 봉준호의 유일한 페이크다큐멘터리(Fake Documentary) 내지 모큐멘터리(Mockumentary) 작업으로, 장·단편 통틀어 전작

중 가장 암울한 영화라는 것. 봉 감독 아들이 다니는 유치원에 학부모가 집에서도 수업장면을 지켜볼 수 있도록 CCTV가 설치된데 '충격'(?)을 받고, '세상에서 가장 사랑하는 대상을 차가운 시선으로 감시하는 듯한 상황'에 묘한 기분에 구상하게 됐다고. 일찍이 1791년 영국 철학자 제레미 벤담이 학교·공장·병원·감옥 등에 적용해 제안했고, 프랑스의 저명 철학자 미셸 푸코가 컴퓨터 통신망과 데이터 베이스를 개인의 사생활을 감시·침해하는 대상으로 비유하여 사용한 개념 판옵티콘(Panopticon)이 자신의 눈앞에서 적나라하게 펼쳐졌으니 어찌 그렇지 않았겠는가.

제작 발표회 당시에는 〈모자이크 다큐멘터리: 인간 조혁래〉였으나, 〈인플루엔자〉로 바꿨다고. 1차적으로 유행성 감기를 뜻하는 인플루엔자는 '(사상적·경제적)유행'이란 의미도 있는바, 그 메타포적 함의를 제목으로 전면에 내세운 것. 역시 희비극이라는 장르적 장치를 동원해서다. 영화의 내포적 함의는 굳이 상술할 필요 없을 듯. 봉준호는 사랑하는 대상이 아닌 그 반대적 성격·의미의 한 남자의 페이크다큐적 기록을 통해, 우리 네 세상에 어떤 경종을 울리고 싶지 않았을까.

그 경종은 또 다른 옴니버스 3부작 〈도쿄!〉의 한 편 〈흔들리는 도쿄〉(약30분)로 향한다. 11년째 집에서만 생활하는 남자(카가와 테루유키)는 '히키코모리'(사회생활에 적응하지 못해 집안에만 틀어박혀 사는 병적인 사람들을 일컫는 일본 용어)다. 토요일마다 가터벨트를 한 소녀

(아오이 유우)가 피자 배달을 오지만 고개를 숙인 채 아예 쳐다보지도 않던 어느 날, 그 소녀의 얼굴을 보고 마음이 흔들린다. 그녀와 짝사랑에 빠진 것. 하지만 어찌된 영문인지 그 다음부터 그녀는 더 이상 피자배달을 오지 않는다. 그녀를 만나고 싶다는 일념에 그는, 큰 용기를 내어 바깥 세상에 나오나, 충격적 현실에 부딪힌다. 온 도쿄가 자기처럼 히키코모리들이 돼 있는 것. 마침내 그녀를 찾아내는 남자, 그 순간 강력한 지진이 도쿄를 흔들기 시작한다.

여느 봉준호 영화들과는 달리, 이 영화 참 따뜻하다. 〈인플루엔자〉와 여로 모로 대조적이다. 일본만이 아니다. 나날이 '히키코모리화'돼 가고 있는 이 시대에, 봉 감독은 역설한다. 진부하게 비칠 수 있겠으나, 새삼 관계·연대의 중요성을. 『2020 '작가'가 선정한 오늘의 소설』 중 최고작으로 뽑힌 조해진 작가의 단편 「완벽한 생애」 말미에서 소설 속 한 인물 은철이 홍콩인 주인공에게 말한다. 간절하게. "시징, 너무 혼자 있지 마. 생애의 끝을 미리 가정하지도 마." 라고. 혹 조해진 작가는 〈흔들리는 도쿄〉를 보고, 그 영화 같은 소설을 쓰고 싶어 이 소설을 쓴 것은 아닐까. 그럴 확률 희박하겠으나, 난 확신한다. 두 아티스트가 자신의 영화와 소설을 통해 세상에 던지고 싶은 화두는 거의 동일할 것이라고.

〈흔들리는 도쿄〉에서 도쿄를 외연적으로만 해석한다면, 그건 지나치게 순진한 1차원적 독해일 공산이 크다. 도쿄는 분명 도쿄이나, 도쿄를 넘어 서울일 수도, 뉴욕일 수도, 파리일 수도, 런던일 수도, 베를린 일 수도, 베이징일 수도…있지 않을까. 도쿄는 곧 세계로 환치되어 마땅하다. 연대는 곧 상생이요 공생 아닌가. 그 점에서 〈흔들리는 도쿄〉는 〈기생충〉의 단편 버전으로 읽혀도 무방하다. '지진'이라는 외연적 비극을 내포적 가능성으로 전환시키는 시도가 과연 "봉준호답다." 지진과 더불어 햇볕을 그렇게 화사하게 활용한 적이 있었던가, 봉 감독이?

상상력 넘치는 미셸 공드리의 〈아키라와 히로코〉나, 〈홀리 모터스〉(2012)로 확장되는, 파괴적 광인 모티브가 매혹적인 레오 카락스의 〈광인〉과의 비교·평가는 하지 않으련다. 〈도쿄!〉 삼부작은 2008년 칸 주목할 만한 시선에서 첫 선을 보였다. 봉준호가 대한민국과 아시아를 넘어 세계의 라이징 스타로 급부상하고 있었다는 증거였다. 11년 뒤 거머쥘 황금종려상을 예고하면서.

영화 스터디 38년, 평론 27년에 한 감독의 영화세계에 이렇게까지 오랫동안, 또 이렇게까지 깊고 넓게 파고든 적은 없다. 전작이라고 해봤자, 홍상수처럼 24편인 것도 아니고 7편에 지나지 않으니 힘들 것도 별로 없다. 편 당 몇 번씩 봤더라도 그렇다. 홍 감독의 경우는 전작 24편 중 2020년 제70회 베를린국제영화제 감독상(은곰상)을 받은 최신작 〈도망친 여자〉를 빼고는 23편을 다 보지 않았는가. 하나 홍상수의 단편을 본 적은 없다. 없을 리 없겠지만, 과연 단편을 만들었는지 모른다. 아니 관심조차 없다. 홍상수 월드를 이해하기 위해 전주영화제 〈어떤 방문: 디지털삼인삼색2009〉의 한 편인 〈첩첩산중〉 등 그의 단편들까지 고려해야 할 필요가 없는 탓이다. 하지만 봉준호의 경우는 다르다는 느낌을 떨칠 수 없다. 이미 본 것들도 있었으나 그것들을 다시 보고 미처 보지 못했던 것들은 자의 반 타의 반 찾아 보다보니, 그 단편들은 봉월드에 다다르기 위해 필수적으로 거쳐야 할, 또 다른 가교들인 것이다.

Ⅵ. 에필로그

'비정상의 미학'을 통해 '장르'가 되다!

의도치 않았던 '무계획의 계획'의 산물인 이 단행본을 마무리해야 할 지점에 이르렀다. 그야말로 봉준호 감독과 더불어 보낸 한철이었다. 2019년 5월, 한 주간지에 〈기생충〉의 칸 수상 가능성을 진단송고했던 원고를 기준으로 치면, 1년 가까운 짧지 않은 시간이 흘렀다. 칸 폐막 후 3일 지난 2019년 5월 28일 국내 매체 시사에서 〈기생충〉을 처음 보며 맛보았던 그 강렬한 감흥은, 지금도 여전하다. 아니, 외려 더 세졌다. 〈기생충〉을 보고 또 보며, 아울러 봉감독의 다른 장·단편영화들까지 두루 다시금 섭렵하면서….

지난해 2학기 국립 목포대학교에서 했던, 전공 한 과목 교양 한 과목 두 수업에서도, 그 감흥을 비롯해 〈기생충〉의 칸 황금종려상 석권의 세계 영화사적 의미·의의를 역설하고 또 역설했다. 아마도 어떤 수강생들에겐 과하다 못해 지겹기도 했을 터. 최소 10회는 넘을 〈기생충〉과 봉준호 관련 특강들에서도 마찬가지였다. 국제장편영화상이야 받지 않으면 이변이었기에 따 놓은 당상이었고, 작품상까진 아니더라도 본상 또한 두세 개쯤은 거머쥐리라 확신해서였다. 한데 작품상 포함 4관왕에 등극했으니, 내 특유의 '오버'가 오버 아닌 현실로 귀결된 것이었다. 그 오버의 결과물 중 하나가 다름 아닌 이 책이다.

〈마더〉를 선보인 후 봉 감독은 평론가 이동진과 진행한 120여 쪽의 꽤 긴 심층 인터뷰(『이동진의 부메랑 인터뷰 그 영화의 비밀』(예담, 2009-06-25)]를 다음과 같은 바람을 피력하면서 끝맺었다. "결국 세월이 흐르면 창작자 뒤로 남는 것은 발자국밖에 없을 거라고 봅니다. 먼 후일엔 어떤 발자국을 남기고 싶으세요? 훗날 어떤 평가를 받기 원하십니까?"라는, 그 후로도 3~40년은 더 영화감독의 길을 걸을 테기에 판단컨대 다소는 때 이른 질문에 대한 답변이었다.

"'그 사람 영화는 참 특이했다', 그런 코멘트 하나면 만족할 것 같습니다. 그게 예술가들이 궁극적으로 추구하는 것 아닌가요? 그 사람이 아니면 안 되는 것 말입니다. 그게 이 대량복제 시대에 유일하게 예술가가 누릴 수 있는 영예겠죠. 저 사람 영화 참 특이했다. 저 사람이 죽으면 저런 영화들을 다시는 볼 수 없을 것 같다, 그런 발자국이면 정말 좋을 것 같습니다."

〈살인의 추억〉으로 21세기 최고작, 심지어는 한국영화 100년사 최고작을 빚어냈다는 극찬을 받았고, 그 인터뷰로부터 10여년이 지나 7번째 장편영화로 명실상부 세계 최강 (경쟁)영화제인 칸과, 분명 로컬 영화상이긴 하나 그 권위·영향력 등에선 역시 세계 최강인 아카데미상을 동시 정복할 거라는 사실을 감안하면, 지나치게 소박한 바람인 감이 없지 않다. 대한민국 영화역사에서 그런 '특이한' 감독이 어디 한둘인가. 굳이 이름을 열거하진 않겠다만, 못 돼도 수십 명은 족히 되지 않을까. 아니나 다를까 그는 늘, 자신의 최고작은 아직 만들어지지 않았다고 말하곤 해왔다. 필자와의 인터뷰에서도 그것은 아마 9번째 영화가 아닐까 싶다고, 그렇게 되기를 기대한다고, 너스레를 떨지 않았는가. 그렇다면 그의 욕심, 정확히는 야심은 그 한계가 없는 셈이다. 그 진술은, 그 어느 영화도 아직은 그의 성에 차지 않는다는 것을 의미할 수도 있기 때문이다. 물론 그런 뜻까지는 아닐 거라는 것쯤은 안다. 제 아무리 위대한 성취일지언정, 그 성취에 안주하지 않고, 자신이 하고 싶은 일, 자신이 할 수 있는 일, 자신이 해야 할 일을 하면서, 계속해 나아가겠다는 의지 표명일 테니….

이쯤에서 질문을 해보자. 봉 감독이 바라는 '특이한 감독, 특이한 영화'는 과연 어떤 감독 어떤 영화일까? 그가 언급한 '특이한'을 봉준호 식으로 편하게 풀어보면, 그것은 '이상한' 내지 '비정상적인'(abnormal)으로 치환될 수 있을 듯. 그는 "유달리 비정상을 좋아하는 것 같"다, 달리 말해 "멋있는 걸 싫어하는 것 같"(198쪽)다지 않는가! 결국 그가 소망하는 특이한 감독과 영화는 이상한 감독이 요 영화라 할 수 있을 테다. 기회 있을 때마다 그는 역설한다. 자기 는 '이상한' 감독이라고. 남들이 '비정상'이라고 해도, 아니라고 부 인하고 자신의 '정상성'을 강변하는 게 인지상정이거늘, 그는 스스 로를 '이상하다'고 규정한다. 흥미롭지 않은가. 상기 이동진과의 인 터뷰에서도 한 차례의 비정상이란 말까지 포함해 그 용어를, 무려 총 14번이나 동원·사용했다. 필자와의 인터뷰들에서도 마찬가지였 다. 그렇다면 그의 영화세계는 '비정상의 미학'(The Aesthetics of the Abnormal)으로 해석·통칭할 수 있지 않을까.

봉 감독의 비정상성은 전면적·표면적으로든 배성적·구조적으로 든, 구체적 물성으로는 노숙·지하·장애 등으로, 추상적 관념으로는 소수·약자 등으로 구현·표현된다. 한결같이 '가지지 못한 자들'(The have-nots)이요 '비-기득권자들'(The non-privileged)이다. 그 단적인 존재들이, 가령 〈플란다스의 개〉에서는 아파트 지하에서 기생하는 부랑자 최씨(김뢰하)와 경비 변씨(변희봉)다. 〈살인의 추억〉에서는 정상과 비정상의 경계에 머물다 원치 않는 죽음을 맞는 백광호(박 노식), 〈괴물〉에서는 노숙자(윤제문)와 세진(이재응)·세주(이동호) 형 제, 〈마더〉에서는 도준(원빈)에게는 있는 엄마조차 부재해 다름 아 닌 그 부재로 인해 하지도 않는 살인죄로 소환·투옥되는 종팔(김홍 집), 〈설국열차〉에서는 자력으로는 별로 할 수 있는 게 없는 첸(박성

택)을 비롯한 어린 캐릭터들, 〈옥자〉에서는 주인공 미자(안서현)와 할아버지 희봉(변희봉), 그리고 〈기생충〉에서는 지하실의 근세(박명훈)와, 지하와 지상을 자유롭게 오가는 가능성의 캐릭터이었으나 반지하 기택(송강호) 네 가족의 침공 후 그 빈약한 실체가 드러나고, 끝내 일자리에 목숨까지 잃는 문광(이정은) 등이다.

위 인물들 중에는 주인공도 있지만 조연도 있고 단역도 있다 그 양적 비중에 상관없이 봉 감독은 그들의 존재감에 빛을 비추는 것을 잊지 않는다. 그 어느 영화도, 여느 주류 영화들과는 달리 영웅적 인물이 주인공인 경우는 없을 뿐 아니라, 심지어 반영웅적 캐릭터도 아니다. 실례로 〈설국열차〉의 여러 주인공들 중 유이한 한국 캐릭터들인 남궁민수(송강호)와 딸 요나(고아성)도 예의 주류 영화의 영웅성이나 반영웅성과는 거리가 멀다. 그의 전작(全作)에는 "하자가 있는 무능한 주인공들이 감당할 수 없는 상황에 던져진다"(249쪽)는 공통점이 관통한다. 이러니 어찌 특이, 아니 이상하다고 하지 않겠는가.

봉 감독의 특이함은 연출 현장에서도 여실히 드러나기도 한다. 〈살인의 추억〉에서 두만(송강호)의 얼굴 클로즈업으로 끝나는 결정적 장면을 촬영할 때였다. 영화를 찍으면서 그는 끝내 잡히지 않는 "그 사건의 범인 얼굴을 확인하고픈 충동이 강하게 일었"단다. "그 영화의 마지막 장면에서 정면 얼굴의 송강호와 마주 대하는 것은 관객이겠지만, 그 영화를 보러 왔을지도 모르는 범인일 수도 있"

어 영화상으로는 마지막 장면이나 "사실 제작 일정으로는 초창기에 찍었"기에, 그래 힘들어했던 송강호에게 이렇게 주문했단다. "사정 직전에 참는 듯한 표정으로 해달라"(221쪽)고. 그랬더니 "정말 황당하다는 얼굴로" 바라보더란다. 왜 안 그렇겠는가. 세상에 "사정 직전에 참는 듯한 표정"이라니, 정말이지 특이하다 못해 '이상한 감독'이라 일컫지 않을 도리 없다.

봉준호 감독은 결국 '비정상의 미학'을 통해 장르가 된 감독인 셈이다. "장르가 된 감독"이라? 문득 밀려오는 의문. 100여년의 한국 영화사가 아니라, 125년 세계 영화역사에서 그런 평가를 받았던 감독이 있었던가? 내가 아는 한은 없다. 물론 어떤 장르를 대표하는 감독들은 즐비했다. 할리우드를 예로 들면, 코미디는 예나 지금이나 찰리 채플린과 버스터 키튼이 대표선수다. 스릴러는 알프레드 히치콕이요, 멜로는 더글러스 서크다. 서부극은 존 포드요, 변종 서부극인 이탈리아 스파게티 웨스턴은 세르지오 레오네다. 이렇듯 특정 장르를 대변하는 대표 감독들은 으레 있어왔다. 하지만 감독 자체가 장르로 칭해지는 감독은 없었고, 없다. 그 점에서 봉 감독은 특이함을 넘어 세계 영화사의 독보적 존재가 됐다(해도 결코 과언이 아니다). 필자와의 인터뷰에서 "늘 변화하고 싶다. 똑같은 영화는 만들고 싶지 않다"더니, 그런 의지로 뜻한 바를 이룬 셈이다.

이 책을 준비하며, '봉월드'의 또 다른 가능성에 눈길이 가닿았다. '탈식민지적 텍스트'(Postcolonial Text)로서의 가능성이다. 봉준호 그는 '코리안 시네마'라는 변방의 '로컬 영화'로 영화의 공식 출현지인 프랑스의 칸영화제와, 영화왕국 할리우드의 아카데미를 넘어 글로벌 세상으로 나아갔다. 그에 앞서 방탄소년단(BTS)이 그랬듯. 그럼으로써 봉준호와 〈기생충〉은 세계의 숱한 나라 시민들에게 경천동지의 충격·놀라움 등을 안겨줬다. 비록 그 충격의 파고가 '코로나19'에 의해 너무나도 빨리 약화·희석되고는 있으나, 그 파급효과는 오랫동안 지속될 게 틀림없다. 그렇다고 대한민국이 여전히 일본이나 미국의 식민지적 상태에 놓여 있다고 주장하려는 것은 아니다. 우리 손이 아니라 주로 남의 손에 의해 해방이 이뤄졌다고는 해도 말이다. 그럼에도 의식의 층위에서든 무의식적 차원에서든 우리 사회는 일제의 식민 잔재로부터 전적으로 자유롭다고 할 수 없는 것도 현실이다. 동맹 미국의 이런저런 영향권으로부터 자유롭지 못하다는 것 또한 두 말할 나위 없다. 봉준호 영화들은 그런 일본의 식민 잔재나 미국의 전층위적 영향들을 그 특유의 특이함·이상함으로 멋들어지게 승화·극복한 것이(라 할 수 있)어서, 진정 통쾌하다(면 지나치게 민족주의적 편협한 관점인 것일까).

탈식민지적 텍스트로써 유의미한 기능은 또, 외조부 구보 박태원(朴泰遠:1909~1987)과 직결된다. "이상, 최명익과 함께 1930년대 한국 모더니즘 소설을 대표하는 작가면서, 동시에 한국전쟁 이후 월북하여 숙청과 복원을 거치면서 북한의 대표적 역사소설로 꼽히는『갑오농민전쟁』을 썼던 작가"다. 그의 소설은 "한국 모더니즘 소설의 한 정점을 보여준다는 점, 그리고 모더니즘과 리얼리즘을 가로지르는 사상적 변화를 보여준다는 점에서 문제적이다."(장수익 한남대 국어국문과 교수) 월북 이전 남한에서 집필한 대표작들이 중편 『소설가 구보씨의 일일』[조선중앙일보, 1934; 『소설가 구보씨의 일일 – 박태원 단편선』(엮은이 천정환, 문학과지성사, 2005년 4월 초판 1쇄, 2014년 초판 19쇄)]과 『천변풍경』(1938 박문서관; 엮은이 장수익, 문학과지성사, 2005년 1월 초판 1쇄, 2018년 1월 초판 28쇄) 등이다.

제 아무리 그 유혹이 강하다 할지언정 지면의 성격 상, 이 자리에서 박태원과 봉준호의 예술세계를 비교할 수는 없는 노릇이다. 그래도 이것만은 말하지 않을 수 없을 성싶다. 『소설가 구보씨의 일일』 말미, 구보가 갑자기 "온갖 사람을 모두 정신병사라 관찰하고 싶은 강렬한 충동을 느"껴, "실로 다수의 정신병 환자가 그 안에 있었다"면서, 언어도착증, 과대망상증, 여자음란증, 질투망상증, 남자음란증, 병적기행증, 병적낭비증 등 총 12개의 정신병적 증상을 열거하는데, 그 중에 '지리멸렬증'(支離滅裂症)도 들어있다는 것이다. 고등학생이 돼서야 박태원 작가가 외조부라는 사실을 알았다, 는 감독의 진술을 의심할 생각은 없다. 그의 지적 수준을 감안할 때, 액면 그대로 믿어지지는 않아도 말이다. 봉 감독의 단편 〈지리멸렬〉이, 장·단편 통틀어 한국 영화사에 단 한 편밖에 존재하지 않는 그 제목을 혹 외조부의 명품 소설에서 가져온 것 아니냐고 물으려는 것도 아니다. 구체적으로 짚을 순 없으나, 흥미롭게도 박태원의 상기 두 소설과 봉준호의 영화들이 여러 지점에서 상통한다는 것이다. 피는 물보다 진해서일까.

　문학평론가 유성호 한양대 국어국문과 교수는 《쿨투라》 2019년 7월 호 봉준호 특집 「카메라와 봉테일, 박태원과 봉준호」에서 이런 바람으로 원고를 마감한다. "그러고 보니 박태원도 시종 자신의 작품을 통해 사회적 부적응자나 약자들을 따뜻하게 옹호하지 않았던가. 해방 후 박태원은 『조선 독립 순국 열사전』, 『약산과 의열단』, 『이충무공 행록』 등 항일투사와 애국자들의 전기물 집필에 매달렸다.(중략) 기회가 되면 외할아버지 박태원의 약산과 의열단을 원본으로 하는 김원봉 영화가 '봉테일'에 의해 실현된다면, 우리는 70년을 훌쩍 넘어서고 있는 분단 역사를 가로지르는 영화사의 쾌거를 만나볼 수 있지 않을까, 몽상 아닌 기대를 한번 해보게 된다."

　몽상이라고? 천만의 말씀이다. 봉준호는 강변하지 않는가. 늘 변화하고 싶다고. 똑 같은 영화는 만들고 싶지 않다고. 그가 과연 언제까지 몇 편의 영화들 더 만들어낼지는 알 수 없다. 분명한 것은 지금껏 만들어온 영화들보다 한층 더 많은 영화들을 빚어내리라는 것이다. 50살만 넘으면 조로하고 마는 한국의 척박한 영화 환경에서, 그는 더 이상 특이할 수 없을, 독보적 감독으로 우뚝 서지 않았는가. 더 중요한 사실은 목하 세계 영화사의 쾌거에 취해 있지 않고 어딘가 '은둔'해, 휴식을 취하고 글을 쓰면서, 다음 작업을 준비하고 있으리라는 것이다.

봉준호는 아직 본격 역사영화를 연출한 적은 없다. 그에게는 먼 과거로서 역사보다는, 자신과 우리에게 가까운 현대사에 관심을 집중시켜 왔다. 그가 언제, 어떻게 역사로 뛰어들지는 아무도 모른다. 그 자신도. 김원봉의 역사라고 해봤자 1백년 전후의 근대사 아닌가. 유 교수의 기대는 그 혼자만의 것은 아닐 터. 그 기대는 합당하다.